# NOTICE HISTORIQUE

SUR

# LA PROCESSION

## DES RAMEAUX

## AU MANS

SUIVIE DE MÉDITATIONS ET DE PRIÈRES

Pour les dix jours

DE L'EXPOSITION DU CRUCIFIX

LE MANS

IMPRIMERIE MONNOYER FRÈRES

1862

# NOTICE HISTORIQUE

SUR

# LA PROCESSION

## DES RAMEAUX

AU MANS

SUIVIE DE MÉDITATIONS ET DE PRIÈRES

Pour les dix jours

DE L'EXPOSITION DU CRUCIFIX

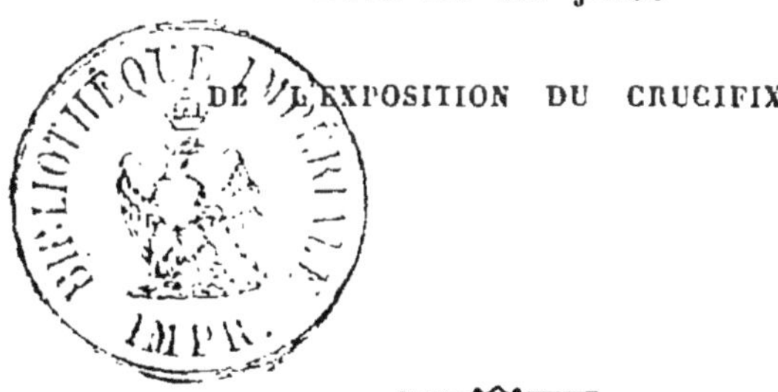


LE MANS

IMPRIMERIE MONNOYER FRÈRES

1862

# AVIS

Conserver nos bonnes et pieuses traditions et favoriser la piété des fidèles envers le Crucifix, tels sont les motifs qui m'ont déterminé à publier cette petite brochure sur la Procession des Rameaux, au Mans. Outre la partie historique empruntée à l'*Histoire de l'Église du Mans,* par le R. P. dom Paul Piolin, les fidèles trouveront des méditations pour chacun des jours de l'exposition du Crucifix. Ces méditations, tirées en grande partie des

*Méditations sur la vie du Christ*, de saint Bonaventure, leur seront d'un grand secours, et les aideront à employer utilement le temps qu'ils passent devant l'image vénérée. Que pendant ces saints jours, destinés à nous rappeler toutes les souffrances et la douloureuse Passion du divin Maître, les fidèles habitants de cette ville viennent prier avec confiance devant le Crucifix exposé à leur vénération, qu'ils y prient pour eux-mêmes, pour tous les membres de leurs familles et pour la conversion des pécheurs! Que leurs lèvres, en venant se coller sur ces pieds usés par les baisers de leurs pères, prononcent un acte d'amour pour le Dieu qui les a aimés jusqu'à donner tout son sang pour leur salut!

Que tous, en venant rendre leurs hommages à Jésus attaché sur la Croix, prennent la résolution de s'acquitter du grand devoir de la Communion pascale !

L. A.,
Prêtre, Chanoine honoraire.

# NOTICE HISTORIQUE

SUR LA

# PROCESSION DES RAMEAUX

AU MANS

## PREMIÈRE PARTIE

L'Église catholique, toujours inspirée et conduite par l'Esprit saint, a établi, dès l'origine, le culte des saintes images, et elle l'a maintenu contre les efforts de l'hérésie, à différentes époques de son histoire. Mais, parmi toutes les images qu'elle propose à notre vénération, il n'en est point de plus sainte, de plus puissante pour toucher nos cœurs, que celle du crucifix. Là, le chrétien, éclairé des lumières surnaturelles de la foi, contemple son Sauveur dans l'acte de l'ineffable sacrifice par lequel le Dieu incarné s'est immolé pour l'arracher à la mort éternelle, et lui mériter un bonheur incommensurable comme sa divinité, puisqu'il consistera dans la communication de la vie divine elle-même.

Aussi, la vue du crucifix tient lieu de tous les livres aux âmes auxquelles un don particulier de foi et d'amour a été accordé : saint Benoît vivait des années entières uniquement occupé de Dieu, et n'ayant, pour le soutenir, que l'image du crucifix et quelques versets de la sainte Écriture ; saint François d'Assise fondait en larmes à la vue de cette image sacrée, et s'embrasait d'un amour tout séraphique ; saint Thomas d'Aquin y puisait plus de lumières sur les plus hauts problèmes que l'esprit de l'homme peut se poser, que dans tous les écrits enfantés par le génie des mortels.

Nous serions infinis, si nous voulions citer tous les exemples semblables, qui se rencontrent dans les Vies des saints, nos pères dans la foi et nos modèles. Disons seulement, avec saint Paul, que le crucifix est un symbole abrégé de toute la croyance du Chrétien. C'est à la foi animée par une vive charité qu'il appartient de méditer cette parole, et d'y puiser l'élément de lumière et de vie qu'elle contient. Pour nous, contentons-nous de rapporter les faits principaux qui constatent de la dévotion des Manceaux envers l'image sacrée du Sauveur en croix.

Le culte spécial que les habitants de notre province rendent au crucifix remonte probablement aux premiers temps où les clartés de la foi leur furent apportées. Ce qu'il y a de certain, c'est que ce culte est fort ancien dans notre pays, et qu'il y a jeté de profondes racines, fécondes en fruits de salut.

Le 21 novembre 834, saint Aldric, évêque du Mans, dédia son église cathédrale, qu'il venait de faire reconstruire, au Sauveur, c'est-à-dire à notre Seigneur Jésus-Christ, rédempteur des hommes, et il fit élever, au milieu de l'église, un autel sur lequel il érigea un crucifix, que ses historiens mentionnent comme un monument très-remarquable.

Dès cette époque, et même longtemps auparavant, l'Église du Mans avait reçu le droit de frapper en son nom une monnaie qui avait cours dans tout le royaume, et qui était très-répandue, surtout en Normandie. On a cru que cette monnaie fut la première à porter l'image de la Croix. Ce n'est pas ici le lieu d'approfondir cette question d'archéologie ; ce qu'il y a de certain, c'est que les deniers frappés dans les ateliers ecclésiastiques du Mans furent des premiers à porter ce signe sacré, et qu'ils le portaient dès l'épiscopat de saint Aldric et le règne de Louis le Débonnaire.

Cette dévotion des habitants du Maine envers le crucifix se manifesta encore par plusieurs fondations ; il nous suffira de mentionner celles des cures du Crucifix dans l'église cathédrale, et de Saint-Pierre-de-la-Cour. Cette dernière, quoique attachée à l'église collégiale et royale de Saint-Pierre-de-la-Cour, honorait néanmoins comme patron Jésus-Christ en croix.

Les paroisses de Sainte-Croix, aux portes du Mans, de Meurcé et de Montfort-le-Rotrou, honoraient la sainte Croix comme leur patronne, et l'une des paroisses de Sillé-le-Guillaume était aussi sous le patronage du crucifix ou de Jésus-Christ en croix.

Mais c'était surtout dans l'église cathédrale que le culte du crucifix avait pris de grands développements. Il avait sa principale manifestation dans la solennité de la procession des Rameaux, et dans les jours qui la précédaient. Nous allons donner une description de cette procession, et nous l'empruntons à l'*Histoire de l'Église du Mans*, par le R. P. dom Paul Piolin, l'auteur ayant bien voulu nous autoriser à reproduire ce tableau complet.

« On exposait dans l'église cathédrale, le mercredi de la Passion, une grande croix sur laquelle était attaché un christ de grandeur naturelle. Le vendredi, vers dix heures, l'évêque, le chapitre diocésain et celui de Saint-Pierre-de-la-Cour conduisaient processionnellement à l'église abbatiale de Saint-Vincent ce crucifix, qui y restait exposé à la vénération des fidèles jusqu'au dimanche.

« Douze chefs d'anciennes familles appelés mézaigers ou mieux maiseliers (1), jouissant en vertu de ce droit héréditaire de plusieurs priviléges, portaient le crucifix couché et recouvert d'un voile ; les deux curés du Crucifix dans l'église cathédrale, ceux de Gourdaine et de Saint-Ouen, en aube avec l'étole, marchaient pieds nus, placés, les premiers à la tête

(1) Maiselier, et par corruption mézaiger, boucher, de *macellum*, selon Borel. — Douze familles du Mans possédaient le droit de *messaige*, lequel se transmettait en ligne directe et collatérale, et de l'épouse au mari. Les *messaigers*, ainsi que les francs bouchers, jouissaient de certaines exemptions de droits de prevôté, péages, etc., dans la ville, dans toute la province du Maine, et même en d'autres parties du royaume. Ils formaient une communauté dont ils tenaient les registres.

et aux pieds du christ, les autres à l'extrémité des bras, accompagnant la croix jusqu'en haut de la nef de l'église de Saint-Vincent, où elle était déposée sur un tapis. Lorsque les curés désiraient être dispensés de l'obligation de marcher pieds nus, à raison de la rigueur du froid ou pour d'autres motifs, ils devaient se présenter au chapitre, pour en obtenir la faveur souhaitée; mais, depuis l'année 1630 environ, les chanoines leur accordèrent la faveur générale d'user de chaussures.

« Une compagnie d'hommes à cheval nommés francs bouchers, et vulgairement lanciers, couverts d'une cuirasse, portant heaume et casque de fer en tête, et armés d'une longue lance de bois d'aulne ferrée, escortait la croix à son retour de Saint-Vincent à Saint-Julien. Ils étaient commandés par un capitaine, un lieutenant et un major, et accompagnés de trompettes, violons et hautbois, qui marchaient en tête.

« Le jour des Rameaux, à sept heures du matin, la procession, à laquelle assistaient le chapitre de Saint-Pierre-de-la-Cour, les officiers du présidial et le corps-de-ville, sortait de l'église cathédrale pour se rendre à l'abbaye de Saint-Vincent. Aussitôt que le clergé et les compagnies avaient pris leurs places respectives dans le chœur des moines, on chantait l'office de Tierce, ensuite on bénissait les rameaux, qui étaient distribués au clergé séculier, aux religieux de Saint-Vincent et aux magistrats. Après l'adoration de la croix, le prédicateur de la station du carême à l'église cathédrale montait dans la chaire de Saint-Vincent. Pendant le sermon, le chapitre avec le présidial et l'hôtel de ville allait prendre le modeste repas que l'abbaye devait leur servir, consistant en un échaudé pour chacun des convives, du pain, du beurre, des petites herbes, des raves et du vin. A ces mets obligés les moines ajoutaient généreusement des petits pâtés.

« Le sermon fini, toutes les cloches de l'abbaye sonnaient pour annoncer le départ ; les maiseliers enlevaient la croix et la déposaient à la grande porte du monastère donnant sur la rue. Le christ était découvert, orné d'une couronne de fleurs naturelles, et placé debout sur un brancard, avec quatre bouquets aux angles du piédestal.

« De leur côté, les lanciers, après s'être réunis chez leur capitaine, allaient chercher le guidon, et conduisaient le procureur du roi, revêtu d'une robe rouge, de son hôtel à celui du lieutenant-général de la Sénéchaussée, où se trouvaient le greffier, les huissiers audienciers, tous en robe, et les sergents fieffés avec les ménétriers. L'assemblée déjeûnait, et, à huit heures et demie, le cortége à cheval, excepté les ménétriers, se rendait à la porte de l'église Saint-Vincent, pour accompagner la croix.

« Ordinairement la procession sortait avant neuf heures de l'église, à moins que le prédicateur ne prolongeât son discours, auquel on cessait de prêter attention dès que cette heure fatale approchait. En effet, la multitude croyait, et les maiseliers même partageaient cette opinion non fondée, que si le crucifix restait après neuf heures dans l'église des bénédictins, il n'en sortirait plus et deviendrait la propriété de l'abbaye ; que par une conséquence naturelle la procession n'aurait plus lieu, et que les priviléges des maiseliers et des lanciers demeureraient anéantis. Aussi, pour éviter toute surprise, les maiseliers se partageaient en deux corps ; l'un dans l'église gardait à vue le crucifix ; l'autre, stationné devant la porte extérieure, pour entendre sonner l'heure, entrait au premier coup de marteau, criant à haute voix : « Neuf heures sonnent ! » Les premiers s'empressaient d'enlever la croix et de la porter dans la cour, où elle était placée sur le brancard. Les maiseliers attendaient alors sans inquiétude le clergé, à la suite duquel ils marchaient précédés des ménétriers ; après eux venaient la compagnie du présidial, ayant la droite, et le corps-de-ville la gauche ; les officiers de justice à cheval et les lanciers terminaient la procession.

« En descendant la rue Saint-Vincent, le sergent porte-guidon s'arrêtait devant la maison nommée l'Écu-de-Bretagne, pour réclamer les droits du compte, c'est-à-dire le quarteron de harengs que devait cette maison. Le sergent disait à haute voix : « La Bunêche à la cour ? » Le propriétaire ou son locataire répondait de sa porte : « A la manière accoutumée. » Si personne ne paraissait, on interpelait encore deux fois le seigneur de la Bunêche, défaut était donné, et le propriétaire condamné à l'amende. La Bunêche ou Beunêche était une terre fieffée de la paroisse de Rouessé.

« On s'arrêtait ensuite près de la porte du château, qui se trouvait fermée. Des chantres, placés dans la galerie supérieure, chantaient l'hymne *Gloria, laus*, et un motet ; puis la porte, frappée trois fois par l'évêque ou par le chanoine officiant, avec les mêmes cérémonies et chants qui sont encore en usage aujourd'hui, s'ouvrait devant la procession, qui traversait et se rendait à l'église cathédrale. Le concierge de la porte du château était obligé de donner des échaudés aux enfants de chœur. Depuis l'année

1619, cette dernière cérémonie se faisait à la porte de la cathédrale. Un chanoine en aube montait sur le brancard lorsque la procession arrivait à l'entrée de la nef de l'église Saint-Julien, baisait le christ, et restait en adoration.

« Lorsque la procession était entrée dans la cathédrale, les lanciers, revenant par la porte du château et la rue de l'Oratoire, se rendaient à la place des Halles pour y rompre leurs lances, en présence des officiers de justice. Le seigneur de la Bunêche, armé de toutes pièces, et monté sur un cheval ayant les quatre pieds blancs, devait s'y trouver. Le prieur de la Couture, nommé plus ordinairement le prévôt, le bailli et le procureur fiscal de l'abbaye, avec treize lanciers, y paraissaient aussi, avant d'aller occuper le poste de la Porte-Ferrée, nommée depuis Porte-de-la-Cigogne.

« Après que le sergent fieffé avait par trois secousses essayé les armes, la joute commençait ; chaque cavalier devait, dans trois courses au plus, rompre sa lance contre le poteau dressé à cet effet.

« Les courses terminées, le lieutenant-général, le procureur et les sergents avec les lanciers retournaient au palais en se dirigeant par la Porte-Ferrée, que gardaient le prévôt de la Couture, les officiers de la juridiction de cette abbaye, avec treize hommes armés de lances ou de hallebardes, rangés du côté droit de la Grande-Rue en montant. Le seigneur de la Bünêche devait également garder ce poste. L'huissier y criait aussi par trois fois : « Bunêche à la cour! » On répondait : « A la manière accoutumée. » La chevauchée continuait sa marche, et la garde se retirait.

« Arrivé au palais, le cortége, ayant

mis pied à terre, entrait dans la salle d'audience, où le lieutenant-général faisait procéder, par le greffier, à l'appel des francs bouchers et des sergents tenus d'assister à la cérémonie. Ce magistrat donnait ensuite défaut au procureur du roi contre les absents et contre les cavaliers qui n'avaient pas rompu leur lance; les uns et les autres étaient condamnés à une amende, consistant pour ces derniers dans la privation de la rétribution à laquelle ils auraient eu droit dans le cas contraire. Enfin le greffier délivrait à chacun des autres lanciers vingt-cinq sous, et dressait procès-verbal de tout ce qui s'était fait dans la fête (1).

(1) Pierre Hennier, *Cérémonial de l'Eglise du Mans*, Ms. — Le Corvaisier, *Histoire des Evêques du Mans*, p. 766. — *Almanach ou Calendrier du Maine*, 1758, p. 46 et suiv. — *Observations historiques sur la procession du dimanche des Rameaux au Mans*, *Almanach*, 1763, p. 161-

« Telle était en substance cette cérémonie, autrefois si célèbre, et qui attirait au Mans un concours considérable. Comme la fête du Sacre pour les Angevins, elle tenait une grande place dans les habitudes religieuses du diocèse du Mans, et même des Églises voisines. L'importance qu'elle acquit contribua sans doute à diminuer l'éclat que la procession du Sacre avait eu d'abord dans la ville du Mans. L'origine de cette fête, moitié religieuse, moitié féodale, est restée obscure, Mais les traditions constantes de la province ont conservé le souvenir de l'événement qui donna occa-

206. — Cauvin, dans l'*Annuaire de la Sarthe*, 1832, 1837. — Idem, *Géographie ancienne du diocèse du Mans*, p. 637. — Pesche, *Dictionnaire de la Sarthe*, t. III, p. 382 ; t. IV, p. 632. — *La Province du Maine*, 1845, nº 10, et 1846, p. 118. — Le Brun des Marettes, *Voyages liturgiques de France*.

sion à l'établissement des lanciers, qui faisaient l'un des ornements les plus populaires de la solennité. Le comte du Maine Hélie, assistant à la procession des Rameaux, et se trouvant à la station que l'on faisait à l'abbaye de Saint-Vincent, y fut surpris par un corps d'ennemis, qui s'étaient cachés près du monastère ; il fut enlevé et emmené prisonnier ; mais il recouvra le même jour sa liberté par la bravoure et le dévouement de quelques familles du Mans (1). Pour ne plus devenir la victime d'une semblable surprise, le comte se fit accompagner à cette procession par une garde, qui fit bientôt partie du cortége, et qui, après avoir servi pendant quelque temps à protéger le souverain, n'eut plus d'autre objet dans la suite que d'augmenter la pompe et le culte rendu au Sauveur des hommes.

(1) Selon une autre version, ce fut le crucifix qui fut enlevé, mais au temps du comte Hélie.

La délivrance du comte Hélie donna occasion à l'établissement de cette espèce de tournoi, qui avait lieu sur la place des Halles (1). Ce fut vers l'an 1110 que les lanciers commencèrent à ne plus accompagner le comte, et formèrent seulement la garde d'honneur du crucifix vénéré.

« La procession du dimanche des Rameaux était accompagnée de particularités plus ou moins remarquables dans divers monastères et paroisses du diocèse du Mans. A l'abbaye de la Couture, après la bénédiction des rameaux, les ecclésiastiques de Pontlieue, Sainte-Croix, Saint-Benoît, Saint-Nicolas et Notre-Dame de la Couture venaient, croix levée,

(1) Savare, *Mémoires pour servir à l'histoire du Chapitre royal de Saint-Pierre-de-la-Cour*, Ms., fol. 176. — *Affiches du Maine*, 1784, nº du 5 avril. — Pesche, *Dictionnaire de la Sarthe*, t. IV, p. 633.

à l'église abbatiale, pour marcher ensuite processionnellement, dans l'ordre désigné, avec les moines, curés primitifs de ces paroisses. Le cortége se rendait à la croix du grand cimetière de la ville, situé sous les murs de l'abbaye. La procession étant rentrée, chaque paroisse retournait à son église célébrer la grand'messe. Le clergé de ces paroisses précédait également, avec bannière et croix, l'abbaye de la Couture aux processions de Saint-Marc et des Rogations, et assistait à la messe célébrée par les religieux dans les églises où la station avait lieu. Les paroisses de Saint-Pierre-le-Réitéré et de Saint-Vincent accompagnaient, ces mêmes jours, les religieux de Saint-Vincent dans leurs stations.

« Dans plusieurs paroisses rurales, on voit encore des croix de granit remarquables par les sculptures qui les décorent ; elles servaient de but à la station, dans la procession du dimanche des Rameaux. Parmi les plus belles, on peut citer celles de Saint-Pierre-sur-Erve, de Saint-Georges-du-Rosay, de Tessé, de Saint-Léonard-des-Hayes et de Solesmes. A la Ferté-Bernard, pour représenter d'une manière plus expressive l'entrée du Christ à Jérusalem, on louait un âne avec sa selle pour le prêtre célébrant, qui arrivait ainsi monté jusqu'à la porte de l'église. Cette coutume s'observait aussi dans un certain nombre de localités de notre diocèse. »

Nous allons ajouter quelques détails sur des parties accessoires, qui ne pouvaient entrer dans le plan de l'historien que nous venons de citer, ou qui se rapportent à des époques postérieures à celle à laquelle il est parvenu.

Durant l'occupation de la ville du Mans par les Anglais, le crucifix fut porté à l'église de Saint-Pierre ; en 1628, à celle des Jacobins, parce que la contagion désolait l'abbaye de Saint-Vincent.

En 1514, le cardinal Philippe de Luxembourg, évêque du Mans, ayant reconnu que la course des lances troublait la dévotion, et pensant que la solennité de la procession qui était accompagnée d'un concert de fifres et de hautbois, était peu convenable dans la semaine de la Passion, crut de son devoir de remédier à ce qui lui semblait un abus. Il obtint à cet effet des lettres patentes du roi pour transférer cette cérémonie à un autre jour; mais cette vieille coutume fut plus forte que la volonté du roi et le zèle de l'évêque.

Les calvinistes s'étant emparés de la ville du Mans en 1562, y causèrent d'effroyables ravages; mais l'une des pertes les plus sensibles à la piété des Manceaux fut celle du grand crucifix d'argent que l'on portait à la procession des

Rameaux. Pour réparer ce désastre, les chanoines en eurent un autre de bois de chêne, exécuté dans les mêmes proportions, et qui servit pour la première fois à la cérémonie de 1564.

Nous devons signaler enfin ce qui se pratique encore chaque année dans la paroisse de Champagné. Le dimanche des Rameaux, la procession se rend à la chapelle du cimetière dédiée à Notre-Seigneur sous le nom de Saint-Sauveur (Sainct-Salvateur), puis elle revient à l'église conduisant solennellement et sur un char aussi orné que possible un grand christ en bois. Des jeunes gens de la paroisse, à cheval, couverts de vieilles armures imitant les formes du XVI^e siècle, forment une garde d'honneur à l'image du Sauveur en croix. Après la messe solennelle qui suit la procession, les jeunes gens à cheval et vêtus de leurs costumes antiques allaient autrefois tirer la lance sur le poteau seigneurial placé à l'entrée de la lande, dans une espèce de carrefour; aujourd'hui cet exercice continue d'avoir lieu, mais le théâtre de la joute a changé; c'est maintenant sur la grande route de Paris, en face du hameau de la Croix-Burin, que l'exercice du bris des lances s'accomplit.

Cette procession de Champagné fut vraisemblablement organisée à l'imitation de celle du Mans, et il est probable que d'autres paroisses voulurent aussi entourer le crucifix de tous les honneurs qu'elles pouvaient lui rendre. Rien n'était plus propre à satisfaire ce pieux désir que cette union des cérémonies religieuses et des honneurs féodaux. C'était bien aussi dans les mœurs de nos ancêtres. Il était beau d'allier les hommages guerriers au culte religieux, de rendre à Jésus-Christ les honneurs qui sont dus au Dieu et au roi au moment où s'ouvre cette scène de la Passion dans laquelle ces deux titres deviennent pour lui un sujet de tourments et d'opprobres. Mais si d'autres paroisses que celle de Champagné instituèrent des solennités semblables à celles que nous venons de décrire, ainsi qu'il est très-probable, elles les ont abandonnées durant les troubles religieux et politiques de la fin du XVIIIe siècle.

Pendant ces commotions violentes de l'ordre religieux et social, la procession des Rameaux comme tous les exercices publics de la religion furent interrompus au Mans. Néanmoins le christ et la croix furent sauvés par un honorable habitant du Mans, M. Le Batteux, ancien entrepreneur, qui les cacha religieusement, et au péril de sa vie, dans sa maison située dans la rue Saint-Gilles. Aussitôt que le joug de fer qui pesait sur notre malheureuse patrie commença à se faire moins sentir, et que la religion put rouvrir ses temples et y convoquer ses enfants à ses consolantes fêtes, M. Le Batteux vint proposer de rendre le précieux dépôt qu'il avait conservé. Il ne demandait pour toute faveur que de faire recevoir dans l'association des Mézaigers ses deux jeunes parents Louis Dutertre et Alexis Lahoreau, qui en effet y furent admis. Mais il faut faire observer que dès longtemps avant la Révolution cette association composait une vraie confrérie qui avait ses règlements, et qui admettait dans son sein des personnes qui n'exerçaient pas l'état de boucher.

C'était en 1800 que M. Le Batteux rendit le crucifix à l'église cathédrale. En 1801, on fit exécuter une nouvelle croix, semblable à l'ancienne, avec les offrandes des fidèles ; la figure ancienne du christ fut conservée et l'on fit la procession des Rameaux dans l'intérieur de l'église. Tout ceci s'accomplit par les soins des anciens membres de l'association des vignerons et des francs bouchers ou de leurs descendants.

En 1803, l'association des francs bouchers se reforma de nouveau sur l'invitation de Mgr Michel de Pidoll, évêque du Mans, et de M. Anselme Négrier de la Crochardière, maire de la ville. Cette année aussi la procession se fit en dehors de l'église, et le cortége sortit avec tout l'appareil usité avant la Révolution, seulement on ne suivit pas le parcours ordinaire : l'ancienne abbaye de Saint-Vincent était devenue une caserne de cavalerie ; sa belle basilique subsistait encore, il est vrai, mais elle était livrée à des usages profanes, et elle allait bientôt tomber sous le marteau des démolisseurs.

Nous trouvons pour cette époque les

notes d'un cérémoniaire de la cathédrale que nous allons reproduire en les abrégeant. L'entrée du chœur avait lieu à neuf heures, comme il se pratique encore; l'évêque à son trône ou le président à son siége procédait à la bénédiction des rameaux, et durant ce temps-là l'hebdomadier faisait l'aspersion de l'eau bénite. Le clergé se rendait ensuite au lieu où le crucifix était exposé. Le diacre en aube et étole demandait la bénédiction au président et chantait l'évangile au pupitre placé devant le crucifix. Après l'évangile, on chantait le répons marqué dans le processionnal, puis l'hymne *Vexilla regis*, pendant laquelle on découvrait le crucifix. Alors commençait la procession. Ceux qui portaient le crucifix marchaient après le chapitre. Les ménétriers se plaçaient devant le crucifix. Le cortége sortait par la grande porte, passait par la place du Château, la rue

Neuve, la place des Jacobins, remontait par la rue du Doyenné, la Grande-Rue, la rue de Tucé, et rentrait par la rue des Chanoines.

L'entrée de l'église se pratiquait comme aujourd'hui, seulement le maître de chapelle et les enfants de chœur se rendaient à la galerie au-dessus de la porte, et chantaient en musique les versets auxquels le chœur répondait d'en bas en plain-chant. Lorsque le clergé rentrait au chœur, les porteurs du crucifix le remettaient à sa place et le recouvraient. A vêpres, le célébrant, après avoir encensé l'autel à *Magnificat*, allait encenser le crucifix.

Témoin de l'enthousiasme religieux avec lequel la population de la ville avait vu le rétablissement de la procession des Rameaux, et d'ailleurs très-ami des traditions et des antiquités de son pays natal, le maire du Mans, M. Anselme

Négrier de la Crochardière, invita de nouveau l'association des francs bouchers à se consolider de plus en plus en revenant aux anciens usages et y apportant les modifications nécessaires. Cette association se composait antérieurement de vingt-deux membres ; elle se trouvait alors réduite à dix-neuf, et il fut reconnu que ce nombre était suffisant.

En 1817, l'abbaye de Saint-Vincent, sur un ordre de Louis XVIII, fut donnée à l'évêque du Mans pour y établir le grand séminaire, et peu de temps après la procession du dimanche des Rameaux recommença son ancien parcours. Le 27 mai 1825, les membres de l'association des vignerons se réunirent dans la sacristie de l'église cathédrale pour former de nouveaux règlements. Ils prièrent les chanoines de les autoriser à porter le christ, comme par le passé, durant la procession, marchant après le chapitre et avant les douze lanciers. Ils demandèrent ensuite que la survivance comme membre de l'association fût accordée au fils aîné de ceux qui la composaient alors, ou au plus proche parent, sans qu'il fût permis au mourant de désigner une autre personne. Ils demandaient enfin la permission de contribuer seuls à toutes les dépenses pour l'entretien de la croix et des accessoires. Depuis cette époque, les membres de l'association des vignerons se sont réunis plusieurs fois; malheureusement ils ont cessé de rédiger les procès-verbaux de leurs délibérations à partir de l'année 1826.

Jusqu'en 1831 les douze lanciers continuèrent d'accompagner le christ à la procession du dimanche des Rameaux. Ils se rendaient tout armés, à huit heures, à la cathédrale, pour assister à la messe; accompagnaient le cortége durant tout le parcours, et, lorsque la procession était rentrée dans la cathédrale, ils allaient tirer la lance sur la place des Jacobins. C'était un spectacle auquel toute la population prenait une part très-vive, qu'elle n'a point oublié et qu'elle regrette amèrement. Plusieurs fois on a espéré voir rétablir cette partie de la procession, qui lui donnait un cachet particulier, et maintenait, au milieu de nous, un faible débris des vieilles coutumes qui disparaissent chaque jour. Malheureusement les avis n'ont pas été unanimes sur l'opportunité du rétablissement de cette partie du cortége. On s'est plaint surtout que beaucoup de personnes manquaient d'assister à la messe pour aller voir tirer la lance. Ne serait-il pas facile d'obvier à cet inconvénient? Qu'est-ce qui empêche de régler que les lanciers rentreront chez eux immédiatement après la procession, et que le tir de la lance n'aura lieu qu'à une heure ou une heure et demie, sur la place des Jacobins? S'il est difficile de trouver des garçons meuniers exercés à manier la lance, le Mans ayant toujours une garnison de cavalerie, rien ne serait plus aisé que d'avoir douze hommes disciplinés et habiles à manier la lance sans aucun inconvénient. Ce serait avec bonheur que les habitants de cette ville verraient la procession des Rameaux reprendre tout son ancien appareil. En aidant au rétablissement des lanciers dans de bonnes conditions, ce qui est facile, l'administration municipale ferait un acte essentiellement populaire.

Depuis la même année 1831 les chantres et les enfants de chœur ne se rendaient plus à la galerie extérieure au-dessus de la porte de la cathédrale pour y chanter : *Quis est iste rex gloriæ?* Au reste cette galerie a été détruite vers 1838, et le rétablissement de la liturgie romaine a amené la suppression de cette cérémonie d'origine française.

Par suite de ce retour à la liturgie de l'Église romaine, une autre modification a été apportée à la procession qui nous occupe. La bénédiction des Rameaux a lieu à l'église cathédrale ; de là on se rend à Saint-Vincent pour chercher le crucifix. On chante dans cette église la belle hymne de saint Fortunat, *Vexilla regis;* pendant ce temps, on découvre le crucifix ; puis on revient à la cathédrale en suivant le parcours usité depuis 1817 ou 1818, c'est-à-dire par la rue de Tessé, la place des Jacobins, le Rempart et le parvis Saint-Michel. Le christ, couronné de roses et d'autres fleurs, est porté sur un brancard derrière les membres du Chapitre. On dépose à ses pieds quatre gros bouquets. Quatre prêtres en aube et étole marchent autour du brancard. Des ménétriers accompagnent aussi l'iimage vénérée en jouant sur leurs violons l'air du *Vexilla regis*, quels que soient les chants exécutés par le clergé.

Il y a toujours une très-grande affluence de fidèles à venir vénérer la sainte image pendant les dix jours de l'exposition. Le dimanche des Rameaux, le concours redouble encore, et la procession est toujours suivie par une foule animée d'un pieux empressement. On remarque aussi l'ardeur édifiante avec laquelle un grand nombre de personnes passent sous le brancard sur lequel est posé le christ, comme on le pratique en beaucoup de lieux à l'égard des principales reliques. Quoique l'empressement des fidèles dans cette circonstance puisse quelquefois produire quelques inconvénients par suite de l'encombrement qui en est la suite, on ne saurait néanmoins que louer cette pieuse coutume, qui est fort ancienne, et qui est un hommage touchant rendu à Notre-Seigneur.

Si l'on ne savait avec quelle facilité les passions de la multitude peuvent être excitées, et avec quelle aveugle docilité elles obéissent à ceux qui ont su les soulever, on aurait de la peine à comprendre comment dans une ville où la dévotion envers le crucifix est aussi ancienne, aussi universelle et aussi fervente, il a été possible d'y rencontrer des hommes assez sujets à l'esprit de vertige pour y donner le scandale qui a attristé nos murs dans la journée du 3 mai 1831. Nous ne voulons pas faire l'historique de cette époque pleine de tant de douleur et de tristesse pour les âmes chrétiennes ; seulement nous dirons aux habitants de cette ville si dévouée au culte de la croix : Il y a trente ans, la croix a été insultée dans vos murs ; priez pour réparer les outrages qui lui ont été faits, baisez pieusement les pieds du crucifix à cette intention, et recommandez à la miséricorde divine ceux qui, dans ces jours d'égarements, se conduisirent comme des païens, ne pouvant supporter l'image de la croix sur nos places publiques. La plupart reposent maintenant dans le cimetière, à l'ombre de cette croix qu'ils voulurent briser dans un jour de folie. Encore quelque temps, et l'heure suprême aura sonné pour les derniers hommes égarés de cette funeste époque..... Puissent-ils tous reposer en paix à l'ombre protectrice de la croix, ayant eu le bonheur, avant leur mort, de presser sur leurs lèvres l'image du Dieu qui mourut en pardonnant à ses ennemis! Puissent tous les fidèles, par la ferveur de leurs prières, détourner la colère du Ciel que de semblables outrages attirent sur les cités!

# DEUXIÈME PARTIE

## EXERCICES EN L'HONNEUR DU CRUCIFIX

Après avoir exposé quelle fut la piété de nos pères envers le crucifix, il a semblé bon d'offrir aux fidèles quelques exercices pour les aider à rendre leurs hommages à notre Sauveur, durant les jours où l'image sainte est exposée à leur vénération. Selon l'ancien usage, cette exposition est de dix jours. Les personnes qui ont la louable coutume de lui faire chaque jour une visite pourront se servir avec quelque avantage des méditations que nous leur offrons. Celles même auxquelles des devoirs ou des infirmités ne permettent pas de rendre à Notre-Seigneur ce tribut d'hommages, pourront se transporter en esprit au pied du crucifix, exposé dans l'église, s'unir d'esprit aux personnes qui ont le bonheur de l'approcher de plus près, et pratiquer dans leurs maisons les exercices qu'elles feraient dans l'église, si elles pouvaient s'y rendre.

Il est bon néanmoins que les fidèles ne perdent jamais de vue l'immense avantage que Dieu a bien voulu attacher aux prières qui lui sont adressées dans les églises sur celles qui se font en dehors de ces lieux consacrés à son culte. La prière que le fidèle adresse au Seigneur dans une église qui a reçu la consécration de l'évêque, est élevée à un degré supérieur ; elle devient un vrai sacramental, et des grâces beaucoup plus abondantes lui sont promises. Un ange a reçu mission de présenter à Dieu les supplications et les hommages qui lui sont adressés dans ce sanctuaire ; il y joint ses propres efforts, et l'Église militante, souffrante et triomphante, les appuie de son puissant suffrage. Elle est donc aussi sainte, aussi avantageuse que respectable et ancienne parmi les peuples chrétiens, cette coutume de visiter le plus souvent possible les églises dans lesquelles réside, sous les voiles eucharistiques, le Dieu qui s'est immolé pour nous sur la croix.

Quant à la visite même dont nous venons de parler, il est important de donner quelques avis à ce sujet. D'abord, et avant d'aller rendre ses hommages au crucifix, il faut se mettre à genoux, en se tournant du côté où repose Notre-Seigneur dans le sacrement de l'Eucharistie, pour l'adorer et lui rendre ses hommages. On ne doit jamais manquer à ce devoir chaque fois que l'on entre dans une église en laquelle Jésus-Christ veut bien résider dans le mystère de son amour. Cet acte d'adoration peut être très-court, nais il ne doit jamais être omis.

Les intentions que nous devons nous proposer en faisant cet acte de piété sont : d'adorer Jésus-Christ et de lui offrir nos hommages ; d'honorer son image sacrée, monument de l'amour ineffable qui l'a porté à s'immoler pour nous ; de le remercier de cette charité incompréhensible, de réparer les outrages qu'il a reçus et qu'il reçoit encore tous les jours dans ce signe vénérable ; d'obtenir les grâces dont nous avons besoin pour nous-mêmes, pour nos proches, nos amis, toutes les personnes dont les besoins spirituels et temporels nous sont connus, et surtout pour la sainte Église et le souverain Pontife.

Dans le but d'aider quelques âmes à accomplir ces actes de religion envers le Sauveur crucifié, nous leur offrons plusieurs méditations sur la Passion de ce Sauveur. Nous les avons en grande partie extraites des suaves *Méditations sur la vie du Christ*, de saint Bonaventure. Elles pourront être utiles aux personnes qui les liront très-lentement, en s'arrêtant chaque fois qu'elles se sentiront touchées par les sentiments qui y sont exprimés, continuant d'elles-mêmes à produire des actes conformes à leurs impressions pour Notre-Seigneur.

Le mercredi de la Passion, à 8 heures, a lieu l'exposition du crucifix sous le baldaquin préparé à cet effet dans la chapelle Saint-Pierre. Un chanoine, accompagné de quatre enfants de chœur du chapitre, dont deux portent des flambeaux et deux chantent le *Vexilla regis*, préside la cérémonie. Les bouchers et les vignerons, après avoir attaché des fleurs à la croix et voilé le crucifix, le portent couché, du trésor où il est renfermé, au lieu de l'exposition. Après le chant de l'oraison, le président va baiser les pieds du crucifix, ainsi que les enfants de chœur, puis tous rentrent à la sacristie.

---

## Ire MÉDITATION.

Pour le mercredi de la Passion à la cathédrale.

### JÉSUS AU JARDIN DES OLIVIERS.

Le Sauveur des hommes, après avoir lavé les pieds de ses apôtres, après avoir institué le très-saint Sacrement, après avoir fini cet admirable sermon dans lequel il exhorte ses disciples avec tant de force et tant d'affection à s'aimer les uns les autres, après les avoir encouragés à souffrir les maux qui les menaçaient, et leur avoir promis pour récompense le royaume de son Père, se rendit dans le jardin des Oliviers, où devaient s'ouvrir les scènes douloureuses de sa Passion.

Plusieurs siècles d'avance, le prophète Jérémie avait vu l'Homme-Dieu dans les tourments de l'agonie, à laquelle il livra son âme dans ce jardin, et il s'était écrié : « O l'homme des douleurs, la tristesse de votre cœur est comme un océan d'amertume ! » Jamais aucune douleur ne fut comparable à celle qu'éprouva le Sauveur dans ce premier acte de sa Passion.

L'ennui, la crainte et la tristesse s'emparent de son âme ; il se retire dans une grotte voisine, et il se prosterne devant son Père, qu'il voit irrité et inflexible. Il prie, et d'abord sa tête se baisse ; les genoux se plient, et il tombe la face contre terre. A l'ennui succède la crainte ; à la crainte succèdent les soupirs ; aux soupirs, les sanglots et les défaillances : alors on n'entend plus que quelques paroles entrecoupées d'une voix faible et comme expirante : Mon Père, ah ! mon

Père! souvenez-vous de cette compassion que vous ne refusez pas aux plus coupables des mortels ; voyez l'état où m'a réduit mon zèle pour votre gloire, mon désir pour le salut des hommes, la douleur des outrages prodigués à votre Majesté, et, s'il est possible, éloignez de moi ce calice d'amertume qui m'est présenté. Néanmoins, mon Père, que votre volonté soit faite, et non la mienne. Trois fois la même scène recommence, et il adresse à Dieu la même prière : S'il est possible, que ce calice s'éloigne de mes lèvres ; mais, mon Père, que votre volonté s'accomplisse, et non la mienne.

Trois fois il retombe accablé sous le poids de son sacrifice; la volonté de souffrir demeure ferme, mais la nature succombe en voyant rassemblés tous les tourments qui l'attendent. De quelque côté qu'il se tourne, il n'aperçoit que de nouveaux sujets d'angoisse. Mais trois sujets surtout portent l'amertume dans son âme, et semblent l'écraser : il connaît les grandeurs, les beautés, les amabilités infinies, toutes les perfections adorables de Dieu son Père ; combien il mérite d'être aimé, respecté, servi, adoré des hommes et de toutes les créatures douées d'intelligence ; et il voit tous les outrages prodigués à la Majesté divine, depuis le péché des anges jusqu'aux blasphèmes et aux impiétés des malheureux qui se laisseront séduire par l'Antechrist et ses suppôts. Il n'y a pas d'heure dans cette longue série de siècles où il n'aperçoive l'injure s'élevant de la terre contre le ciel.

Ainsi notre Sauveur aime son Père, et il le voit infiniment outragé ; il aime les hommes, et il les voit infiniment malheureux : seconde source de sa douleur. Toutes les misères qui affligent le genre humain viennent se présenter à lui : infirmités, calamités, persécutions, morts violentes, endurcissements dans le crime, réprobation éternelle : tous ces maux viennent le frapper à la fois. Il se représente les persécutions que son Église aura à endurer ; les trahisons de ses enfants, les parjures de ses défenseurs ; il voit les tourments des martyrs, la cruauté des bourreaux, la lâcheté des cœurs faibles, et leur désertion cruelle. Son imagination perce jusque dans les abîmes des réprouvés ; et quel spectacle d'horreur vient s'offrir à lui ! Ces flammes dévorantes qui ne s'éteindront jamais, ces vers rongeurs qui les déchireront sans cesse, ces démons éternellement acharnés à leur perte, des cris aigus, des hurlements lugubres, des gémissements lamentables, un déluge de maux fondant sur une foule de victimes infortunées ; des âmes rachetées de son sang, et cependant éternellement dévorées par les flammes d'un feu vengeur : quel objet pour un Dieu sauveur !

Enfin Jésus-Christ doit s'aimer nécessairement lui-même, et il se voit infiniment affligé : troisième source de sa douleur. Tous les tourments de sa Passion viennent en ce moment se réunir dans son imagination, dans son esprit, dans son cœur. En un instant fondent sur lui toutes les douleurs qu'il ressentira dans tout le cours de ses tourments. Quelle impression dut produire en lui la vue de tant d'outrages, de tant de cruautés, et plus encore la vue de tous les péchés des hommes, dont il était chargé aux yeux de son Père ! Quel spectacle, ô mon adorable Sauveur ! Vous voyez les bras de vos bourreaux armés de tous les instruments de vos supplices ; et non-seulement les bras de vos bourreaux, mais les bras de tous les pécheurs dans tous les siècles, armés contre votre personne ; les péchés sont les traits dont on veut vous accabler. Quelle horreur vous saisit à la vue d'un appareil si terrible !

Alors l'innocente victime pousse un nouveau cri de détresse vers son Père ; mais, se voyant destituée de tout secours, et comme abandonnée de toutes parts, elle se livre à toute l'amertume de sa douleur ; ses yeux s'éteignent, son visage est couvert de la pâleur de la mort, son corps chancelant succombe sous le poids qui l'accable, son âme est errante sur ses lèvres, sa douleur monte jusqu'au dernier période ; le voilà qui entre dans une mortelle agonie. Son sang, ramassé au cœur, et repoussé par un effort généreux qui le porte à se soumettre, sort par tous les pores. Son visage est arrosé de ce sang ; ses mains, ses pieds, tout son corps sont inondés d'une sueur sanglante ; la terre même en est abreuvée : il expire, si une force supérieure ne le soutient. Un ange, descendu du ciel, paraît enfin pour le consoler. Jésus-Christ se suffit à lui-même, et n'a besoin que de sa propre force pour se soulager, il est vrai ; mais il veut nous apprendre que, dans nos afflictions, il faut recourir à Dieu, demander et attendre le secours du Ciel : les consolations solides doivent venir d'en haut.

Et toi, mon âme, à la vue du délaissement de ton Sauveur, pourrais-tu encore te plaindre de tes sécheresses, de tes dégoûts dans l'accomplissement de tes devoirs, dans tes prières ? Vois comment tu dois te soumettre aux saintes dispositions de la Providence paternelle de ton Dieu. Il t'est permis de demander avec Jésus-Christ que le calice s'éloigne de toi ; mais il faut ajouter aussitôt comme ton divin modèle : Cependant, ô mon Dieu, que votre volonté s'accomplisse, et non la mienne.

Récitez les sept psaumes de la Pénitence, pour demander à Dieu la douleur et la contrition de vos péchés.

---

## IIe MÉDITATION.

Pour le jeudi de la Passion à la cathédrale.

### LA TRAHISON DE JUDAS.

Lorsque Jésus-Christ eut terminé sa prière, il s'avança vers la troupe qui venait pour le saisir, sous la conduite d'un disciple perfide. Considérons, dans Judas, l'horreur de son projet, la suite et la fin funeste de ce détestable projet.

Judas, que le Sauveur du monde avait choisi préférablement à tant d'autres, qu'il avait élevé à la dignité la plus éminente, qu'il avait rendu le dispensateur de ses mystères, qu'il avait comblé des grâces les plus signalées, favorisé même du don des miracles ; Judas, un des disciples et des apôtres de Jésus-Christ, forme le projet de trahir son Dieu, met à prix d'argent la vie de son divin maître, se prête aux plus exécrables des crimes,au parricide, au déicide ! Rempli de ce détestable projet, il marche à la tête d'une troupe de soldats et de gens armés ; il se sert de la connaissance qu'il avait du lieu où Jésus-Christ priait d'ordinaire ; il désigne son maître par un infâme baiser, pour le livrer à ses ennemis, qui, dans leur fureur, ne cherchent que le moyen de le perdre et de le mettre à mort.

O mon Dieu ! qu'est-ce que l'homme, et quelle est la dépravation de son cœur ? Est-il bien possible que tant de grâces que vous avez faites à ce disciple perfide, que tant de faveurs dont vous l'avez comblé, que la prédilection spéciale dont vous l'avez honoré, ne l'arrêtent pas dans son projet, et ne l'empêchent pas de se porter contre vous à un tel excès ? Vous, son Dieu, son bienfaiteur, son divin maître ! La seule idée de ce crime n'aurait-elle pas dû l'alarmer et le faire trembler ?

Nous détestons, avec raison, le crime de ce disciple perfide, ô mon adorable Sauveur ! Et combien de fois nous-mêmes ne vous avons-nous pas lâchement abandonné en violant nos promesses, en trahissant vos intérêts, en rougissant de votre saint nom par un indigne respect humain? Mais surtout peut-on penser sans horreur à ceux qui vous déshonorent, qui profanent votre corps adorable, votre sang précieux, par des communions sacriléges, et vous donnent ainsi un perfide baiser, qui, sous le voile de la dissimulation, cache la trahison la plus noire et la plus criminelle ?

Mais que fera Jésus-Christ qui lisait dans le cœur de Judas la noirceur de son crime ? Comment le recevra-t-il, quand il se présentera ? Emploiera-t-il sa puissance pour l'arrêter, ou du moins les reproches et les menaces pour le détourner d'un si perfide attentat ? Hélas ! c'est ce que nous ferions dans la vivacité de nos ressentiments et le feu de notre vengeance. Mais voyons, admirons la douceur ineffable, la tendresse miséricordieuse de Jésus-Christ, et apprenons de lui à dompter nos sentiments d'aigreur contre nos ennemis, à leur rendre même le bien pour le mal. Mon ami, lui dit-il, pour quel motif êtes-vous venu ? Quoi ! trahir le Fils de l'homme par un baiser ? Cette douceur ne touche pas l'esprit de Judas, obstiné dans le crime. Il poursuit son projet ; le désir de toucher les trente deniers l'aveugle ; il livre son bienfaiteur à ses ennemis, et par là même à la mort. O malheureux Judas ! tu as ouvert ton cœur à l'amour de l'or, et tes yeux sont fermés à tout le reste. Ainsi en est-il de toutes les passions mauvaises ; si elles pénètrent dans un homme, et si elles n'en sont pas promptement rejetées, elles s'en rendent bientôt maîtresses ; il tombe de crime en crime, il se précipite d'abîme en abîme ; un excès le conduit dans un autre, et l'entraîne enfin au dernier des malheurs.

Mais que pouvait faire de plus Jésus-Christ pour ce traître ? Il le reçoit avec bonté, malgré son funeste dessein ; il lui fait sentir l'horreur de son procédé ; il lui renouvelle avec douceur l'avertissement qu'il lui a déjà donné à la Cène ; il lui ouvre la voie du repentir et du retour dans la tendresse et l'affection de son cœur : rien ne touche cet esprit endurci ; le démon s'empare de cette âme, il la rend insensible à tout, et va la conduire enfin au plus détestable des crimes et au plus grand des malheurs.

Judas était arrivé au comble des iniquités et au moment de sa perte. L'avarice lui avait fait trahir son Dieu : le désespoir le précipite dans le fond de l'abîme. Judas reconnaît son crime ; mais il le reconnaît en furieux et en désespéré. Dans l'horreur de ce sentiment, il détourne ses regards du ciel où se trouve toujours ouverte la porte du repentir ; il prend la résolution frénétique de se détruire lui-même ; il se transporte dans un lieu écarté, et là, livré au démon du désespoir, il devient son propre bourreau, il se pend à un arbre, et termine ainsi une vie criminelle par la plus funeste de toutes les morts.

Vous voyez toute la noirceur du crime de cet infidèle disciple, ô mon adorable Sauveur ! Vous savez quelle en sera la fin malheureuse, et cependant vous le plaignez encore, vous êtes touché de son sort, vous gémissez sur sa perte. Malheureux ! Oui, il eût mieux valu pour lui qu'il ne fût jamais né ; mais son crime est consommé, et il ne nous reste plus qu'à le détester et à profiter d'un si triste exemple.

Judas était avare ; son malheur commence par une attache, peut-être légère d'abord, aux biens de la terre ; l'avarice le jette dans le larcin ; le larcin le conduit à la perfidie ; de perfide il devient impie, sacrilége, déicide ; il finit par devenir homicide de lui-même, exerçant sur lui le ministère des redoutables vengeances de Dieu.

Défions-nous toujours sagement de nous-mêmes ; ne nous rassurons jamais ni sur le temps, ni sur le lieu, ni sur la sainteté des dispositions où nous pouvons être, puisque Judas, un disciple, un apôtre, s'est perdu au milieu des apôtres, et dans la compagnie de Jésus-Christ lui-même. Hélas! si une colonne a été ainsi ébranlée et renversée, que ne devons-nous pas craindre, nous, faibles et timides roseaux? Il n'y a de sûreté pour nous que dans une crainte salutaire du danger, une continuelle vigilance sur nous-mêmes, une inviolable fidélité à la grâce.

Cependant, quelque crime que nous puissions avoir commis, ne désespérons jamais des miséricordes de Dieu; ce serait combler notre malheur en outrageant ses bontés. Le funeste exemple et la fin déplorable de Judas doivent être pour nous une leçon salutaire que nous ne devons jamais oublier. Si notre cœur est pénitent, le cœur de Jésus-Christ nous sera toujours ouvert; ses miséricordes sont infinies, la mesure de nos péchés ne le sera jamais. Dieu ne veut pas la mort, mais la conversion du pécheur : revenons avec sincérité, il nous recevra avec tendresse : c'est lui-même qui nous en assure.

Récitez les litanies des Saints, pour demander à Dieu la grâce de ne plus jamais le trahir, de ne jamais désespérer de sa miséricorde et de pardonner à vos ennemis.

Le vendredi, fête de la Compassion de la très-sainte Vierge, la procession part à 9 heures pour se rendre à Saint-Vincent. Immédiatement après le chapitre viennent les bouchers et les vignerons, qui portent le crucifix couché et voilé.

---

## IIIe MÉDITATION.

Pour le vendredi de la Passion à la cathédrale ou à Saint-Vincent.

### HUMILIATIONS DE JÉSUS-CHRIST DANS LES DIFFÉRENTS TRIBUNAUX DE JÉRUSALEM.

Aussitôt que les ennemis de Jésus-Christ se furent rendus maîtres de sa personne, ils le conduisirent devant les juges, demandant sa mort à grands cris. Sur ce nouveau théâtre, notre Sauveur voulut bien souffrir pour nous toutes sortes de mauvais traitements ; mais il endura surtout la confusion la plus profonde, pour nous préserver de la confusion éternelle que nos péchés avaient méritée.

Plus la réputation qu'on a acquise est grande, éclatante, étendue, plus aussi la confusion est profonde, lorsque cette réputation vient à être flétrie par les mépris les plus injurieux, les préférences les plus indignes, les jugements les plus solennels : or, c'est ce qui arriva à Jésus-Christ durant sa Passion. Quelle était sa réputation? Il passait auprès du grand nombre pour un prophète, pour le Messie, pour un Dieu ; on le regardait avec un respect qui allait jusqu'à l'adoration. Dans Jérusalem, dans la Judée, jusqu'aux extrémités de la Palestine, l'éclat de ses vertus et des miracles qu'il avait opérés lui avait acquis cette réputation générale ; on la lui enlève par toutes sortes de mépris. Il est vendu comme un vil esclave, il est lié comme un voleur insigne, il est souffleté comme un blasphémateur impie ; on le traduit devant les juges comme un criminel noirci des plus grands forfaits : tel est l'abrégé de ses ignominies, et la triste carrière où il va entrer par amour pour nous. Suivons cette victime innocente, chargée de nos crimes.

Conduit chez Anne, il reçoit un soufflet cruel et infamant. O Ciel! n'avez-vous plus de foudre pour écraser le monstre qui ose se porter à un tel excès? Mais Jésus ne répond pas avec cette indignation qui sent la justice humaine; mais avec l'accent de la miséricorde et de la mansuétude la plus admirable, il lui adresse ces mots : Mon ami, si j'ai mal parlé, montrez en quoi; si ce que j'ai dit est juste, pourquoi me frappez-vous?

On le conduit ensuite chez Caïphe; c'est là où il passe cette nuit horrible qui fut le scandale de la terre et l'étonnement du ciel. Environné d'une soldatesque effrénée qui en fait son jouet, il en essuie tous les outrages. On commence par lui voiler les yeux, on lui crache indignement au visage, on le frappe cruellement, en lui disant avec dérision : Prophétise-nous quel est celui qui t'a frappé ? Et qui est celui qui pourrait compter les blasphèmes qui furent vomis contre lui dans ce lieu infâme où Celui dont la vue fait la joie éternelle des anges et des saints s'abandonna tout entier aux suppôts de Satan ?

Trainé chez Hérode, il est traité de stupide et d'insensé : la Sagesse même traitée de folie, et cela dans une cour nombreuse, devant un roi, qui depuis longtemps souhaitait de voir Jésus-Christ, espérant qu'il opérerait quelque prodige éclatant en sa présence. Mais ce Dieu Sauveur ne montre d'autre prodige que celui de sa patience ; aussi Hérode tourne-t-il son admiration en mépris, et fait revêtir ce divin captif d'une robe blanche, en signe de dérision. Jésus est entré dans ce palais, regardé encore comme un prophète puissant en œuvres et en parole ; il en sort traité d'insensé : les ignominies de ce Dieu Sauveur augmentent à tous les moments et à tous les pas.

Il va recevoir un traitement plus indigne encore dans le tribunal de Pilate. Ce juge timide, persuadé de l'innocence de Jésus, désirait le soustraire à la fureur de ses ennemis. Après plusieurs tentatives infructueuses, il croit avoir trouvé le moyen de le sauver ; il le met en parallèle avec Barabbas, espérant par là le délivrer : parallèle impie du prince de la paix avec un séditieux, du Dieu de toute justice avec un voleur insigne, de l'auteur de la vie avec un meurtrier, du Saint des saints avec un scélérat, un infâme ; cependant cet infâme, ce scélérat a la préférence sur le Saint des saints. Mais, si la conduite des Juifs, qui demandèrent la vie de Barabbas et la mort de Jésus, excite justement notre indignation, soyons justes avec nous-mêmes, et reconnaissons que notre conduite n'est pas moins coupable, lorsque nous préférons l'intérêt au devoir, le plaisir à la conscience, nos passions à la loi de Dieu, le monde, le démon à Dieu lui-même. Frappons notre poitrine et reconnaissons-nous coupables à l'égal de ces Juifs aveugles qui vocifèrent des cris de mort contre l'Agneau sauveur.

Ainsi Jésus-Christ est conduit et donné en spectacle dans toutes les rues de Jérusalem , obligé de porter sa confusion par toute la ville, d'en rendre témoins tous les habitants, d'essuyer les clameurs, les huées, les affronts de la populace. O humiliations ! O opprobres ! en fut-il jamais de pareils ?

Enfin à quoi aboutissent toutes ces démarches différentes, cette confrontation de témoins, ces formalités apparentes de justice ? Hélas ! tout cela conduit Jésus-Christ au comble de l'opprobre et de l'infamie, à la condamnation à une mort ignominieuse. Il est digne de mort, s'écrie toute la multitude des Juifs rassemblés dans le prétoire ; c'est un séditieux et un perturbateur du repos public ; c'est un impie et un blasphémateur ; c'est un ennemi de Dieu et des hommes, indigne de toute compassion et de toute pitié, digne d'être l'horreur et l'exécration de tout l'univers, digne, en un mot, du dernier supplice, et du plus honteux des supplices. Arrêt d'autant plus infamant, qu'il est prononcé par le tribunal en apparence le plus respectable, dicté par les prêtres, autorisé par le pontife, applaudi par tout un peuple.

Parmi tant de malades que Jésus avait guéris, tant d'aveugles qu'il avait éclairés, tant de morts qu'il avait ressuscités, tant d'affligés qu'il avait consolés, pas un n'éleva la voix pour le défendre. Ceux qui, quelques jours avant, le recevaient en triomphe dans Jérusalem, allaient au-devant de lui avec des branches d'olivier, étendaient leurs habits sous ses pas, et chantaient l'*Hosanna* en son honneur, ils ont fui, ils se taisent, ou même ils élèvent la voix avec les autres pour demander le sang du juste. Mais les apôtres, du moins ceux-ci tâcheront de dédommager leur divin maître et de le consoler. Hélas! ce sont les apôtres qui mettent le comble à ses humiliations. L'un le trahit, l'autre le renonce, tous l'abandonnent et s'éloignent de lui.

Le voilà donc ce divin Sauveur dans l'abîme de l'humiliation, déchu de toute sa gloire, devenu l'objet du mépris, de la haine, de l'exécration publique de toute sa nation, tel que l'avait dépeint le prophète, regardé comme le dernier des hommes.

Maintenant, âme chrétienne, refuserez-vous de partager des opprobres que votre Dieu a subis le premier, et subis pour vous? Pourrez-vous encore nourrir des projets de haine, de vengeance, pour un défaut d'égards, de prévenance? Et que sont les honneurs de ce monde, qu'illusion et que vanité? Après tout, n'êtes-vous pas assez honorée, si, par les mépris, les affronts de la part des hommes, vous pouvez avoir quelque ressemblance avec votre Sauveur, et boire avec lui dans le calice de ses humiliations?

Récitez le *Vexilla regis*, pour demander à Dieu la patience nécessaire pour supporter les peines et les humiliations de cette vie, et pour obtenir la vertu d'humilité.

---

## IVe MÉDITATION.

Pour le samedi de la Passion à Saint-Vincent.

### LA CHUTE DE SAINT PIERRE ET SA PÉNITENCE.

Parmi tous les tourments que le Seigneur Jésus eut à endurer durant sa Passion, le reniement de saint Pierre fut l'un des plus sensibles à son cœur. N'était-ce donc pas assez que cet adorable Sauveur eût à souffrir de la part de ses ennemis, des Scribes, des Pharisiens, des Gentils, de tout le peuple en fureur ? Fallait-il encore que ses disciples eux-mêmes contribuassent à ses souffrances et à ses douleurs ? Et parmi ses disciples, n'était-ce pas assez qu'un Judas perfide l'eût indignement trahi, que les autres apôtres l'eussent lâchement abandonné ? Fallait-il que Pierre lui-même vînt mettre le comble à ses opprobres et à ses afflictions ? Pierre, le chef des apôtres, privilégié par-dessus tous les autres, destiné à être le vicaire de Jésus-Christ sur la terre ; Pierre, infidèle lui-même, en vient jusqu'à renoncer son divin maître, jusqu'à abjurer le titre de son disciple.

En face d'une scène aussi douloureuse, considérons la grandeur de la chute de Pierre, et ensuite la grandeur de sa pénitence.

Lorsque Jésus-Christ annonce à ses apôtres que le pasteur sera frappé, et que les brebis seront dispersées, Pierre, dans l'ardeur de son zèle ou dans le sentiment de sa présomption, déclare et proteste que quand tous les autres abandonneraient leur divin maître, pour lui, il ne l'abandonnera jamais, et qu'il le suivra jusqu'à la fin. Cependant, à la première occasion, à la première épreuve, il se dément lâchement. Une servante lui demande s'il n'est pas au nombre des disciples de cet homme que l'on poursuit ; à cette parole il reste interdit, le courage l'abandonne, la parole lui manque, ou il ne trouve de voix que pour désavouer lâchement celui qu'il devait suivre jusqu'à la mort. Quelle faiblesse ! et de quoi l'homme n'est-il pas capable, lorsqu'il met sa confiance en lui seul ?

A la lâcheté Pierre ajoute le mensonge. Interrogé s'il connaît ce Jésus de Nazareth, il proteste qu'il ne le connaît pas, qu'il n'a aucune liaison avec lui, et qu'il ne lui appartient en rien. Son cœur ne démentait-il pas ce que sa bouche osait prononcer ?

Au mensonge il ajoute l'ingratitude. Que ne devait-il pas à son divin maître, et qu'est-ce que ce maître généreux n'avait pas fait pour lui ? En toute occasion il lui avait montré une prédilection particulière ; il l'avait rendu témoin de sa gloire sur le Thabor, et de son agonie dans le jardin des Oliviers : que n'avait-il pas droit d'attendre de sa reconnaissance ? Mais le cœur de Pierre est fermé à ce noble sentiment : la présomption, puis la crainte l'ont fermé.

A l'ingratitude Pierre ajouta l'infidélité à ses promesses. Il avait protesté, devant les apôtres et les disciples, que, non-seulement il n'abandonnerait pas son divin maître, celui qui a les paroles de la vie éternelle ; mais que, fallût-il mourir à sa suite, il le suivrait partout. Il se dément néanmoins, et il viole l'engagement sacré qu'il avait pris avec son Dieu et son divin maître.

Pierre ajoute à ses crimes les blasphèmes et les imprécations. Les Scribes et les Pharisiens avaient porté jusque-là leur impiété ; mais, de la part de Pierre, pouvait-on s'y attendre ?

A tous ces excès Pierre ajoute enfin

le scandale. Quel funeste exemple pour tous ceux qui en furent les témoins, et pour tous les apôtres qui regardaient déjà Pierre comme leur chef! Quel triomphe pour les ennemis de ce Dieu sauveur, ainsi délaissé par ses disciples mêmes, et par le plus favorisé de tous ses disciples!

Et néanmoins le Sauveur Jésus n'abandonne pas ce disciple ingrat dans sa chute et dans son malheur; la miséricorde surabonde dans cette âme où a surabondé le péché. Jésus jette sur lui un regard favorable; un seul regard éclaire son esprit, touche son cœur, opère sa conversion, et assure son véritable bonheur. O mon Dieu! que vous êtes grand en tout! mais que vous êtes ineffable en miséricorde! Pierre le comprit, et ce fut le commencement de son bonheur éternel.

Aussitôt que ce regard de compassion,

de tendresse, de prédilection, fut tombé sur l'apôtre infidèle, il rentra en lui-même, et, se livrant à sa juste douleur, il versa un torrent de larmes. Il ne mit pas un instant d'intervalle entre la vue de son crime et son repentir.

Non-seulement les larmes de saint Pierre furent promptes, mais encore elles furent sincères, et partirent de son cœur. Les effets les suivent de près, et en marquent la sincérité ; il ne peut souffrir la vue du lieu où il a péché ; il déteste son crime, il en fuit l'occasion, il en déplore les suites ; il n'est rien au monde qu'il ne fût prêt à faire et à sacrifier pour marquer sa douleur.

Les larmes de l'apôtre pénitent furent encore amères, abondantes, et surtout amoureuses. Non, le motif qui les lui fit verser ne fut pas la crainte de la peine que pouvait mériter son péché ; ce fut le regret d'avoir offensé son Dieu. Son cœur fut tout à la fois blessé de douleur et d'amour ; la douleur le livra au regret du péché, l'amour l'ouvrit à la voix de la grâce ; l'un et l'autre lui firent éprouver un martyre intérieur plus sensible que le martyre du sang, qu'il subit du reste plus tard avec tant de constance.

O mon Dieu ! comme saint Pierre j'ai péché ; combien de fois vous ai-je abandonné, méconnu et renoncé ! Pour me ramener à vous, combien de regards salutaires n'avez-vous pas jetés sur moi comme sur saint Pierre ! Je veux dire combien de grâces ne m'avez-vous pas faites ! combien de voix ne m'avez-vous pas fait entendre ! combien de traits de miséricorde et de providence n'avez-vous pas fait éclater sur moi !

Et cependant mes larmes ont-elles été promptes, sincères, amères, abondantes, amoureuses et constantes comme celles de saint Pierre ? Après quelques jours, quelques semaines, quelques mois, au plus quelques années, ai-je continué de pleurer mes ingratitudes, et n'ai-je pas donné plus de larmes à des choses passagères qu'au souvenir des offenses contre la Majesté éternelle ? Non, mon Dieu, il n'en sera plus ainsi désormais.

Récitez le *Stabat Mater*, pour prier Notre-Seigneur de vouloir bien jeter sur vous, sur vos parents, sur vos amis, sur tous les pécheurs, un regard favorable, qui éclaire les esprits, touche les cœurs et opère leur conversion.

Le dimanche des Rameaux, la procession sort de la cathédrale pour se rendre à Saint-Vincent après la bénédiction des rameaux, qui commence à 8 heures 1/2. — A cette procession, suivant un antique usage, tout le clergé, au lieu de palmes, porte des roseaux qui ont près de deux mètres de hauteur.

---

## Ve MÉDITATION.

Pour le dimanche des Rameaux à Saint-Vincent ou à la cathédrale.

### LA FLAGELLATION DE JÉSUS-CHRIST.

Pilate, espérant fléchir la haine des Juifs qui demandaient à grands cris la mort de Jésus, le soumit au cruel supplice de la flagellation. D'abord, on le dépouille de ses vêtements ; on lui lie les mains derrière le dos, et on l'attache à une colonne. Aussitôt les bourreaux commencent à le frapper : sa chair virginale rougit, elle devient livide, bientôt elle est déchirée par les coups redoublés ; le sang ruisselle de toutes parts à grands flots ; les veines sont rompues, les artères sont coupées, les nerfs sont brisés ; tout ce corps adorable n'est plus que plaies profondes et livides blessures. Lors même que ses yeux sont fermés, et que la mort voile son visage, la cruauté, la rage de ses bourreaux ne cesse pas de le frapper encore.

Et vous, ô mon adorable Sauveur, quels sont vos sentiments durant cet épouvantable supplice ? Vous êtes muet comme l'agneau à qui on enlève sa toison ; vous songez plus à mes plaies qu'aux vôtres ; vous vous consolez de tant de douleurs par la vue qu'elles vous donnent de ma pénitence ; vous vous réjouissez de ce déluge de sang qui se forme autour de vous, afin que toutes mes iniquités y puissent être noyées comme dans un bain salutaire. Ah ! mon Dieu, une seule goutte de ce sang suffisait pour racheter tout le monde ; mais elle ne suffisait pas pour contenter votre amour, et pour toucher la dureté de mon cœur.

Mais vos saints, vos amis plus intimes, ô mon Sauveur, m'ont donné l'intelligence de ce supplice horrible auquel vous vous êtes si généreusement offert. Tous les péchés ont contribué à réduire votre corps à cet excès de souffrance et de douleur dans votre flagellation ; mais celui qui y a contribué plus que tous les autres, c'est ce funeste péché, ce détestable péché d'impureté auquel les hommes se sont abandonnés avec une si brutale passion. Péché honteux qui déshonore, qui avilit, qui dégrade l'homme jusqu'à le réduire à la condition des bêtes.

Péché commun qui a infecté toutes les conditions, allumé le feu dans presque tous les cœurs, couvert la terre entière d'un déluge d'iniquités, jusqu'à provoquer la colère vengeresse du ciel contre les hommes qui avaient défiguré en eux l'image de Dieu.

Péché funeste qui attire tant de malheurs, tant de calamités, tant de fléaux du ciel sur la terre. Elle avait été autrefois noyée dans un déluge d'eau pour les péchés des hommes coupables : il faut qu'elle soit aujourd'hui noyée dans un déluge de sang, et du sang d'un Dieu qui le verse pour les racheter.

Péché détestable qui introduit l'abomination de la désolation dans le lieu saint, c'est-à-dire dans l'âme créée à l'image de Dieu, rachetée de son sang, et où il se plaît à faire sa demeure ; qui conduit à sa suite toute une légion d'autres péchés, introduit dans le monde une multitude de désordres, et précipite tous les jours une foule d'âmes dans les enfers.

Et pour dire quelque chose de plus

encore, le voilà, ô mon adorable Sauveur, ce péché qui a fait souffrir votre corps sacré, qui a déchiré votre chair virginale, qui vous a causé tant de plaies et de si excessives souffrances. Des chrétiens qui se livrent aux excès de ce crime ne semblent-ils pas renoncer à leur Sauveur, à leur foi, à leur caractère? Qu'ils considèrent ce Dieu dans sa flagellation douloureuse, et ils comprendront quelle est l'horreur d'un tel crime.

Mais, sans en venir même aux désordres, aux excès de ce péché détestable, combien d'autres péchés, en ce point, dont nous sommes coupables aux yeux de Dieu, et qui ont contribué aux tourments de Jésus-Christ, dans sa flagellation? Tant de sensualités, tant de délicatesses, tant de recherches de nous-mêmes, de nos commodités, de nos aises; ces satisfactions continuelles des sens, ces craintes excessives de tout ce qui peut incommoder et affliger le corps. Combien de jeûnes, d'abstinences prescrits par l'Église dans la plus admirable sagesse, et violés par ses enfants, sous les plus futiles prétextes ! Les noms d'austérité et de pénitence ne sont-ils pas devenus un épouvantail pour une foule de chrétiens, enfants dégénérés des saints ?

Et cependant, la pénitence est nécessaire en ce monde ou dans l'autre ; non-seulement parce que nous avons péché, non-seulement parce que nous sommes toujours exposés à tomber dans l'abîme, étant soumis à la loi des sens, mais encore parce que, par le baptême, nous sommes devenus membres de Jésus-Christ, et que les membres doivent ressembler à leur chef. Nous devrions faire de nos corps des victimes consacrées aux rigueurs de la pénitence, et le plus souvent nous en faisons des idoles de chair auxquelles nous sacrifions nos âmes et notre salut éternel. Excès d'aveuglement digne de nos larmes les plus amères !

Dieu saint, Agneau sans tache, inspirez-moi le courage dont j'ai besoin pour vaincre cette mollesse qui enchaîne et comprime tous les élans généreux de mon cœur. Lorsque je vous considère sous les verges et les fouets de votre flagellation, j'éprouve le désir de m'associer à des douleurs que vous endurez pour moi ; mais si ma délicatesse est offensée de la manière la plus légère, les prétextes arrivent en foule contre la pénitence et les austérités. Donnez plus de lumières à mon intelligence, ô mon Dieu, plus de force et de courage à mon cœur.

Récitez l'hymne *Pange lingua*, pour demander pardon à Dieu de toutes les fautes commises contre la sainte vertu de pureté ; et, à la vue de tout ce que

Notre-Seigneur a souffert pour expier ces malheureux péchés, renouvelez la résolution de ne plus les commettre.

---

## VIe MÉDITATION.

Pour le lundi saint à la cathédrale.

### LE COURONNEMENT D'ÉPINES ET L'ECCE HOMO.

Les tourments de la flagellation n'ont pas touché le cœur endurci des Juifs: ils crient encore de nouveau : Qu'il soit crucifié, et que son sang retombe sur nous et sur nos enfants ! Il y est retombé en effet, et chaque jour son poids se fait ressentir sur la nation déicide. Mais Pilate se laisse intimider par ces clameurs, et il livre Jésus aux caprices cruels d'une soldatesque insolente et d'une tourbe d'ennemis acharnés et altérés de sang.

On se souvient que Jésus-Christ a passé pour roi ; il faut en faire un roi de théâtre. On le relève donc pour cette scène cruelle et impie. Pourrons-nous y assister sans nous associer aux douleurs de l'adorable Sauveur? Il n'est pas de roi sans trône; on le fait asseoir sur un vil siége de bois : voilà son trône. Il n'est pas de roi sans couronne; on tresse une énorme couronne avec des épines longues et acérées, on la lui pose sur la tête avec toute la violence possible, on la lui enfonce avec force coups de bâtons; le crâne en est percé, les cheveux sont arrachés ; toutes les parties du cerveau reçoivent leurs plaies: voilà sa couronne. Il n'est pas de roi sans manteau royal ; un vil haillon de pourpre, jeté sur ses épaules sanglantes : voilà le manteau de sa royauté. Il n'est pas de roi sans sceptre; un roseau dans ses mains liées et garrottées : voilà son sceptre. Il n'est pas de roi sans hommages ; on fléchit le genoux par dérision devant lui, on l'outrage, on l'insulte avec mépris : voilà les hommages qui lui sont rendus.

Le voyant dans cet état d'opprobres et d'épuisement, Pilate s'imagine qu'il n'est point de cœur si dur qui ne soit touché, point de haine si envenimée qui ne soit éteinte : dans cette espérance, il fait monter Jésus-Christ sur une galerie qui domine la cour de son palais ; il le présente ainsi au peuple assemblé, en disant : Voilà l'homme! *Ecce homo !* Oh! qu'il a bien raison d'avertir que c'est un homme ! L'état où les supplices précédents l'ont réduit permettrait d'en douter. Mais ce peuple barbare va-t-il du moins épargner ce reste de vie? Nullement, sa soif du sang du juste n'est pas assouvie, et il demande qu'il soit mis à mort.

Que ferai-je donc de Jésus ? demande alors Pilate. Et tout le peuple s'écrie qu'il faut le mettre à mort. Cris épouvantables qui portent encore la consternation dans nos âmes ; cris cruels que nous entendons néanmoins tous les jours ! Oui, tous les jours, Jésus est offert aux riches du siècle ; mais eux le voyant dans cet état d'affliction et de misère, de pauvreté, de dénuement, le repoussent et n'en veulent pas entendre parler. Tous les jours Jésus est offert aux grands, aux puissants, ou à ceux qui se croient tels sur la terre ; mais le voyant si humilié, si repoussé, si bafoué par la multitude, ils le repoussent, car ses humiliations condamneraient leur orgueil, et leur vanité craindrait de partager le moindre de ses outrages. L'ambition qui les possède et les torture, redoute l'approche de tout ce qui la contredit. Tous les jours Jésus est offert aux sensuels et aux voluptueux ;

mais ses afflictions, ses douleurs réprouvent trop clairement leur vie sensuelle et mondaine; ils ne peuvent supporter la vue de ce Jésus flagellé, couronné d'épines, vêtu d'un manteau de dérision, et ils détournent promptement les yeux. Tous, comme de concert, s'écrient avec les Juifs endurcis : Crucifiez-le ! crucifiez-le ! Il n'y a que la croix, ô mon Dieu, il n'y a que la croix qui vous reçoive entre ses bras.

O Emmanuel, ô Désiré des nations, ô Dieu rédempteur ! était-ce donc pour essuyer ces répulsions universelles que vous étiez descendu du ciel, et que vous étiez sur la terre ? Était-ce pour cela que vous aviez été désiré durant tant de siècles, attendu par tant de patriarches, annoncé par tant de prophètes, prédit et figuré par tant d'oracles ? Tant de vœux, tant de soupirs n'avaient-ils appelé le Messie que pour qu'il fût livré aux opprobres, aux tourments, à la mort? Comprenons quel est le prodige de la bonté et de la miséricorde de Dieu; mais en même temps déplorons l'excès de l'aveuglement et de la malice des hommes.

Surtout, n'oublions pas de réparer les outrages prodigués à ce Dieu sauveur, dans ces jours de sinistre mémoire, où des chrétiens régénérés dans le sang du divin Agneau se sont montrés animés de la même fureur que les Juifs, ont poussé les mêmes clameurs de réprobation, ont renversé l'image adorable qui leur rappelait le souvenir du sacrifice du Calvaire. Et nous-mêmes, à qui cette démence impie inspire un si profond sentiment de douleur, n'avons-nous pas néanmoins contribué, en notre manière, à nourrir cette impiété des masses qui nous épouvante, par notre respect humain peut-être, et sûrement par notre tiédeur et nos lâchetés dans le service de notre divin maître? Ayant reçu des grâces plus abondantes que beaucoup d'autres, nous étions obligés de servir Dieu avec plus de ferveur, et cette ferveur aurait attiré des bénédictions plus grandes, non-seulement sur nous, mais encore sur nos concitoyens et sur tous les autres hommes rachetés par le sang de Jésus-Christ.

Récitez les sept psaumes de la Pénitence, pour réparer tous les outrages faits à la croix.

---

## VIIe MÉDITATION.

Pour le mardi saint à la cathédrale.

### JÉSUS-CHRIST PORTANT SA CROIX ET MONTANT AU CALVAIRE.

Pilate avait déclaré qu'il ne trouvait point de crime dans Jésus-Christ, et aucune cause de mort; qu'il était juste, et que ses ennemis l'avaient livré par envie et par haine : mais, se laissant vaincre par l'importunité des Juifs et plus encore par la crainte de perdre les bonnes grâces de César, il porte l'arrêt de mort contre le Saint des saints; il le condamne au tourment infâme de la croix, au supplice réservé aux plus scélérats.

Bientôt la croix est prête. Dès que Jésus-Christ l'aperçoit, il va en esprit au-devant d'elle, il la reçoit comme des mains de son Père, il se dispose à la porter. Croix sainte! croix précieuse! il l'avait attendue, il l'avait désirée! il avait soupiré ardemment après elle depuis le premier moment de sa vie! Il la charge sur ses épaules, et il prend le chemin du Calvaire pour y consommer son sacrifice. O douleur! ô spectacle qui afflige le ciel, et auquel la terre sera sensible!

Mais que le chemin devait être pénible ! Si Jésus rencontra quelques âmes compatissantes comme les saintes femmes, Véronique et surtout sa sainte Mère, combien les soldats qui le conduisaient, combien les Juifs, ses ennemis acharnés, qui le suivaient, ne lui prodiguèrent-ils pas d'injures, de railleries cruelles, de mauvais traitements ! De plus, on fait sortir avec lui deux voleurs, on les lui donne pour compagnons : voilà sa société. Vos ennemis, ô bon Jésus, vous associent deux voleurs; et même ils vous traitent plus mal qu'eux, puisqu'ils vous forcent à porter votre croix, ce qu'on ne lit pas des deux larrons. Ainsi, selon la parole d'Isaïe, le Christ « n'a pas été seulement rangé parmi les méchants, mais il a été jugé le plus méchant des méchants (Isa. 53). » O Seigneur ! que votre patience est ineffable !

Regardez-le maintenant, dit saint

Bonaventure, comme il marche courbé sous la croix, comme il souffre à la porter. Compatissez autant que vous le pouvez aux angoisses et aux sarcasmes nouveaux qu'il subit. Or, comme sa Mère, profondément affligée, ne pouvait, à cause de la foule, ni s'approcher de lui, ni le voir, elle passa par un chemin plus court avec Jean et les saintes femmes, afin de précéder le cortége et de pouvoir joindre son Fils. Lors donc que, hors des portes de la ville, elle se trouva devant lui, et qu'elle le vit chargé de ce bois si pesant, elle se sentit défaillir, et, à demi morte de douleur, elle ne put prononcer une seule parole, pas plus que le Seigneur, parce qu'il était entraîné rapidement par ceux qui le conduisaient pour le crucifier. Mais un peu plus loin Jésus, s'arrêtant quelques instants, se tourna vers les femmes qui pleuraient, et leur dit : Filles de Jérusalem, ne pleurez pas sur moi, mais sur vous-mêmes.

Le divin Sauveur continuant de porter l'instrument de son supplice allait succomber sous le faix, du moins ses bourreaux le craignaient, et, ne voulant pas qu'il pût échapper aux nouveaux tourments qu'ils lui préparaient, ils forcèrent un passant de l'aider à porter sa croix. Mais les mauvais traitements, et surtout les injures et les blasphèmes, ne lui furent pas épargnés pour cela.

Permettez que je vous accompagne dans ce trajet, ô mon adorable Sauveur, et que, durant notre voyage sur le Calvaire, je vous ouvre les sentiments de mon cœur. Vos ennemis satisfaits se réjouissent de vous voir sous la croix; mais vous avez encore plus de désir de la porter, qu'ils n'ont eu d'empressement de vous en voir chargé. Vous la considérez avec respect, vous l'acceptez avec joie, vous faites une alliance sacrée avec elle ; vous vous dévouez de nouveau à elle pour mourir entre ses bras, et lui confier vos derniers soupirs. Vous voulez réunir sous ce divin étendard tous vos enfants. O divin guide, vous marchez le premier, et vous nous appelez tous à vous suivre. Vous nous conduisez sur le Calvaire pour nous rendre dignes du ciel ; vous demandez pour nous, et vous les obtenez, toutes les grâces dont nous avons besoin.

Mais, hélas ! mon doux Sauveur, vous êtes seul, et seul vous portez tout le fardeau de la croix ! Cependant une vue ineffable vous console : vous prévoyez d'avance le nombre innombrable de disciples qui, dans la suite des siècles, vous suivront sur le Calvaire et marcheront sur vos traces : les martyrs arrosés de leur sang ; les confesseurs chargés de leurs chaînes ; les pénitents armés des instruments sanglants de la pénitence ; les solitaires s'enfonçant dans les déserts ; les vierges suivant les noces de l'Agneau ; tous les élus portant leurs croix après vous. Vous êtes à leur tête, votre exemple les soutient, votre vue les anime, votre grâce les fortifie. Mais, ô mon Dieu, quelque nombreuse que soit leur troupe, combien refusent de s'y associer, combien méprisent ce sang qui coule pour eux aussi bien que pour les premiers ! Ne permettez pas, ô mon Dieu, que je sois jamais du nombre de ces malheureux ; mais faites-moi la grâce, au contraire, d'entraîner à votre suite par mes prières, par mes pénitences, par ma fidélité inviolable à suivre vos préceptes, quelques-uns de ceux qui suivent la voie large de la perdition.

Récitez les litanies des Saints, pour demander à Dieu la force qui vous est nécessaire pour marcher sur les pas du divin Maître, renoncer à vous-même, porter votre croix et le suivre.

---

## VIIIe MÉDITATION.

Pour le mercredi saint à la cathédrale.

### JÉSUS-CHRIST EST ATTACHÉ A LA CROIX.

Lorsque le Seigneur Jésus fut parvenu au sommet ignominieux du Calvaire, les bourreaux s'empressèrent d'accomplir leur œuvre. Rendons-nous présent de toute l'attention de notre intelligence; regardons tout ce qui se fait ou se dit par notre Sauveur ou contre lui.

Une partie des bourreaux se jette sur l'innocent Agneau, et lui arrache avec furie ses vêtements : le voilà une troisième fois nu devant la multitude. Ses blessures sont rouvertes par les lambeaux qui étaient restés attachés à sa chair et qui s'étaient collés à ses habits.

Alors sa sainte Mère, qui l'avait courageusement suivi, le voyant dans un état si horrible, s'approcha et lui ceignit les reins du voile qu'elle portait sur sa tête. Oh ! dans quelle amertume son âme était plongée !

Mais déjà les bourreaux arrachent le Fils des mains de la Mère et le traînent à la croix. Ils le jettent avec violence sur l'instrument du supplice étendu sur la terre ; saisissant successivement les deux bras, puis les pieds, ils l'étendent avec la dernière brutalité, et fixent les mains et les pieds à l'aide de grands clous, traversant ces parties remplies de nerfs, et d'une sensibilité extrême. Les douleurs de la victime sacrée vont encore redoubler : car aussitôt qu'elle est attachée ainsi sur le bois cruel, les bourreaux l'élèvent, il se balance nécessairement par ce mouvement, et ils le laissent tomber dans le trou qu'ils avaient creusé pour l'y fixer.

Voici donc le Seigneur Jésus crucifié et étendu sur la croix, de façon que ses os peuvent être comptés, comme il s'en plaint lui-même dans son prophète (Ps. 21). Des ruisseaux de son sang précieux s'écoulent de tous côtés. Il est si étroitement étendu, qu'il ne peut rien remuer, excepté la tête. Les trois clous soutiennent tout le poids de son corps ; il souffre d'atroces douleurs, et il est déchiré au delà de ce que l'on peut penser ou dire. Il est suspendu entre deux voleurs. Partout des tortures, partout des opprobres, partout des insultes. Car au milieu de tant de supplices on ne lui épargne même pas les injures. Les uns blasphèment en disant : « Vah ! toi qui détruis le temple de Dieu ! » Les autres : « Il ne peut se sauver lui-même ! » Et une foule d'autres sarcasmes, comme celui-ci : « S'il est le Fils de Dieu, qu'il descende de la croix, et nous croirons en lui. » Or, les soldats qui l'avaient crucifié se partagèrent ses vêtements en sa présence.

Toutes ces choses se font et se disent en la présence de sa triste Mère, dont les souffrances augmentent encore la Passion de son Fils, et réciproquement. Elle aussi était attachée avec lui sur la croix ; et elle désirait ne pas lui survivre, mais expirer avec lui. La Mère se tenait debout entre la croix de son Fils et celle du larron, et elle ne détournait pas les yeux de son Fils. Elle ressentait dans son cœur déchiré toutes les phases de l'agonie, et de tout son cœur elle priait le Père en disant : « Père et Dieu éternel, il vous a plu que mon Fils fût crucifié ; il n'est plus temps que je vous le redemande. Mais vous voyez en quelle angoisse est son âme ; oh ! je vous en prie, adoucissez sa peine; Père, je vous recommande mon Fils. »

Et semblablement le Fils priait son Père pour elle, et disait tacitement en lui-même : « Mon Père, vous voyez combien ma Mère est affligée; moi, je dois être crucifié, mais non pas elle; et pourtant elle est sur la croix avec moi. Il suffit que je sois crucifié, moi, qui porte les péchés de tout le peuple; mais elle n'a rien mérité de semblable. Voyez-la désolée et toute navrée de douleur. Je vous la recommande; rendez tolérables ses souffrances. »

Près de la croix se trouvaient encore saint Jean, le disciple bien-aimé, le disciple vierge; Madeleine, la pécheresse convertie, l'amante à qui beaucoup a été remis parce qu'elle a aimé beaucoup; et les deux sœurs de Notre-Dame, Marie mère de Jacques, et Salomé, et peut-être quelques autres encore. Toutes, et surtout Madeleine, pleuraient abondamment ; elles ne pouvaient se consoler de voir les tortures qu'endurait leur maître et seigneur bien-aimé, et elles compatissaient tendrement au sort de cet Agneau si doux et si généreux, et au sort de sa Mère. Et sans cesse leur douleur était renouvelée, parce que sans cesse leur compassion redoublait à la vue des injures et des cruautés qui s'ajoutaient à la Passion du Sauveur.

Et toi, mon âme, refuseras-tu de faire compagnie à ton divin maître dans ces tourments qu'il endure pour t'arracher aux supplices de l'enfer? Vois cependant, chaque fois que, par respect humain, par une indigne faiblesse pour tes passions, tu as étouffé la voix de ta conscience, que tu t'es lâchement livrée au péché, tu as quitté la noble, la sainte compagnie de Marie, de Jean, de Madeleine et des autres, qui honore et console l'agonie de ton Dieu sauveur, et tu es passée du côté des Juifs, ses ennemis, qui vomissent contre lui des injures et des outrages jusque dans ces moments où il s'offre en victime pour eux. Ah! détestons ces lâchetés, et attachons-nous désormais invariablement au pied de la croix du divin Rédempteur; là est la justice, là est la sainteté, là est le salut.

Récitez le *Stabat Mater*, pour vous associer aux douleurs de Marie, votre mère, et promettez-lui de n'être plus jamais pour elle un sujet de peine et d'affliction, en offensant son divin Fils.

---

## IXe MÉDITATION.

Pour le jeudi saint à la cathédrale.

### JÉSUS EXPIRE SUR LA CROIX.

Or le Seigneur, lors même qu'il était attaché à la croix, ne resta pas oisif, et jusqu'à son dernier soupir il agit ou enseigna pour notre utilité. C'est dans ce but qu'il prononça les sept paroles qui sont rapportées dans l'Évangile.

La première fut dite dans l'acte même de son crucifiement, lorsqu'il pria en ces mots pour ses bourreaux : « Père, pardonnez-leur, ils ne savent ce qu'ils font. » Témoignage d'un grand amour, d'une grande patience, et surtout d'une indicible charité.

La seconde est celle qu'il dit à sa mère : « Femme, voilà votre fils. » Et à Jean : « Voilà votre mère. » Il n'appela pas Marie sa mère, de peur que cette expression ne la fît souffrir plus amèrement encore à cause de la tendresse de son ardent amour. Et d'ailleurs, dans les habitudes du langage de l'époque, cette expression de « femme » n'avait rien que de très-honorable.

La troisième fut adressée au larron

repentant, quand il lui dit : « Tu seras avec moi aujourd'hui dans le paradis. »

La quatrième fut : « *Eli! Eli! lamma sabacthani?* c'est-à-dire : Mon Dieu, mon Dieu, pourquoi m'avez-vous abandonné? » Comme s'il eût dit : « Mon Père, vous avez tant aimé le monde que pendant que vous me livrez pour lui, vous semblez m'avoir abandonné. »

La cinquième fut ce mot : « J'ai soif! » A cette parole, grande fut la compassion de sa Mère, de ses compagnes et de Jean ; grande fut la joie de ses misérables persécuteurs ; car, bien que l'on pût expliquer cette exclamation par la soif qu'il avait du salut des âmes, néanmoins, en vérité, il eut physiquement soif, parce que l'effusion de son sang l'avait tout desséché, et altéré intérieurement. Et d'ailleurs le phénomène d'une soif extrême a été constaté dans tous les hommes qui sont morts sur la croix. Et comme ses bourreaux ne pouvaient plus s'imaginer comment le tourmenter, ils en trouvèrent là une nouvelle occasion. Aussi lui donnèrent-ils à boire du vinaigre mêlé de fiel.

La sixième parole fut : « Tout est consommé. » Comme si le Sauveur eût dit : « Père, la mission que vous m'avez donnée, je l'ai exécutée jusqu'au bout. Mon Père, commandez encore tout ce que vous voudrez à votre Fils ; je suis prêt, s'il reste quelque chose, à l'accomplir. Car je suis disposé à subir toute torture. Mais tout ce qui a été écrit de moi est consommé. S'il vous plaît, mon Père, rappelez-moi bientôt à vous. » Et le Père lui répondit : « Venez, mon Fils bien-aimé, vous avez tout accompli fidèlement ; je ne veux plus que vous soyez torturé ; venez, parce que je vais vous recevoir dans mon sein et entre mes bras. » Et alors Jésus commença à éprouver les langueurs qui précèdent le dernier soupir, tantôt fermant les yeux, tantôt les ouvrant, et inclinant la tête tantôt d'un côté, tantôt d'un autre, toutes ses forces lui manquant à la fois.

Enfin il ajouta la septième parole avec un grand cri entremêlé de larmes, et s'adressant à son Père : « Père, je remets mon âme entre vos mains. » Et ce disant, il rendit l'esprit, baissant la tête sur sa poitrine; et s'inclinant devant son Père, comme pour lui rendre grâce de ce qu'il le rappelait, il lui remit son âme. A ce cri, le centurion qui était présent, entendant cette voix extraordinaire dans un mourant, se convertit, et il dit : « C'était vraiment le Fils de Dieu ! » Or ce cri fut si fort, qu'il fut entendu jusqu'au fond des enfers.

Mais que devenait donc l'âme de sa Mère quand elle le voyait ainsi péniblement défaillir, languir, pleurer et puis mourir ? Sans doute par la multitude de ses douleurs elle était absorbée et comme demi-morte, bien plus encore que lorsqu'elle le rencontra portant sa croix. Et que faisait donc aussi la fidèle, la bien-aimée fille du Seigneur, Madeleine, et Jean, le disciple chéri par-dessus tous, et les saintes femmes ? Mais que pouvaient-elles faire, ainsi remplies d'amertume, comblées de douleur, enivrées d'absinthe ? Toutes elles pleuraient sans consolation.

Voilà donc que le Seigneur demeure suspendu mort sur la croix. Toute la foule s'éloigne, et il ne reste que la triste Mère avec Jean, Madeleine et les saintes femmes. Ils s'asseoient au pied de la croix, ils contemplent leur bien-aimé, et ils attendent du Seigneur les moyens de pouvoir reprendre son cadavre et de pouvoir l'ensevelir.

Pour vous, si vous avez bien regardé

votre Sauveur, vous devez voir que de la plante des pieds jusqu'à la tête il n'est qu'une plaie ; il n'y a pas un membre, pas un sens de son corps qui n'ait éprouvé la plus cruelle douleur et la plus affreuse Passion. Étudiez-vous à vous attacher dévotement et fidèlement au tableau qui vient de vous être retracé. Entrez dans les sentiments du Dieu Sauveur dont vous contemplez l'image. Acceptez avec lui tous les sacrifices que la Providence divine peut demander de vous ; formez la résolution sincère d'une soumission complète à la volonté de celui qui a donné sa vie pour vous. Et surtout que la dureté de votre cœur se laisse fléchir à la vue d'un aussi grand sacrifice. Jurez une haine éternelle au péché et à tout ce qui peut y conduire, puisque c'est le péché qui a attaché Jésus à la croix, qui a causé tous ses tourments, et qui lui a enfin donné la mort.

Récitez le *Vexilla regis*, et faites-le suivre d'un acte de contrition et d'amour pour le Dieu qui vous a aimé jusqu'à la mort, et à la mort de la croix.

---

## Xe MÉDITATION.

Pour le vendredi saint à la cathédrale.

### DE L'OUVERTURE DU CÔTÉ DU CHRIST.

Tandis que la très-sainte Vierge, Jean, Madeleine et les saintes femmes demeuraient assis près de la croix et considéraient sans cesse le Seigneur Jésus suspendu entre deux voleurs, nu, affligé, mort, abandonné de tous, voilà que des soldats armés arrivèrent de la ville vers eux. Ils étaient envoyés pour briser les jambes des crucifiés, les tuer et les ensevelir, afin que les corps ne restassent pas attachés à la croix pendant le jour du sabbat. Alors la sainte

Vierge et les autres se lèvent, les regardent, et, comme ils ne savent ce que ce peut être, leur douleur en est renouvelée, leur crainte et leur tremblement redoublent. Marie surtout est en grande inquiétude, elle ne sait que faire, et, se tournant vers son Fils expiré, elle lui dit : « Mon Fils bien-aimé, pourquoi ceux-ci viennent-ils ? que veulent-ils vous faire de plus ? Ne vous ont-ils pas tué ? Mon Fils, je croyais leur haine assouvie ; mais, je le vois, ils vous poursuivent même après votre mort. Mon Fils, je ne sais plus que faire ; je n'ai pu vous défendre de la mort ; mais j'irai et je me tiendrai debout à vos pieds et au-devant de votre croix. Mon Fils, priez votre Père qu'il les rende accessibles à la commisération ; quant à moi, je ferai ce que je pourrai. » Et alors tous les cinq allèrent en pleurant se ranger près de la croix du Seigneur

Jésus. Les soldats arrivent en colère et avec grand bruit, et, voyant que les voleurs vivaient encore, ils leur brisent les jambes, les tuent, les descendent et les jettent en toute hâte dans une fosse.

Comme ils revenaient vers le Seigneur Jésus, sa Mère, craignant qu'ils n'en fissent autant à son Fils, profondément émue d'affliction, résolut de recourir à ses armes, c'est-à-dire à sa douce et naturelle humilité. Et, s'étant mise à genoux, les bras en croix, le visage couvert de larmes et la voix pleine de sanglots, elle s'adresse à eux, en disant : « Hommes qui êtes mes frères, je vous en supplie au nom du Dieu Très-Haut, ne me torturez pas davantage dans mon Fils bien-aimé; car je suis sa lamentable Mère, et vous savez, mes frères, que je ne vous ai jamais offensés et que je ne vous ai jamais fait aucune injure. Si mon Fils vous a paru un ennemi, vous l'avez tué, et moi je vous pardonnerai toute offense et toute injure, et même la mort de mon Fils! Mais faites-moi la grâce de ne point le frapper, afin qu'au moins je puisse le livrer entier à la sépulture. Il n'est pas nécessaire que ses jambes soient brisées, car vous voyez qu'il est mort et que son âme n'anime plus son corps : voilà près d'une heure qu'il a expiré. »

Jean, Madeleine et les sœurs de Marie étaient aussi agenouillés avec elle, et tous pleuraient amèrement. O Marie! que faites-vous? Vous vous tenez à genoux aux pieds de ces infâmes, vous implorez des misérables, vous pensez fléchir par votre piété des cruels et des impies, et apaiser des orgueilleux? L'humilité est l'abomination des superbes : vous travaillez en vain.

Or, l'un de ces soldats, nommé Longin, orgueilleux et impie alors, mais qui depuis se convertit et fut un martyr et un saint, brandissant sa lance de loin, et méprisant leurs prières et leurs demandes, fit au côté droit du Seigneur Jésus une large blessure ; et il en sortit du sang et de l'eau. Alors la Mère de Jésus tomba à demi morte entre les bras de Madeleine. Mais Jean, pressé par sa douleur et reprenant courage, se révolta contre eux et leur dit : « Infâmes pervers, pourquoi commettez-vous cette impiété? Ne voyez-vous pas qu'il est mort? Voulez-vous aussi tuer cette malheureuse Mère? Éloignez-vous, que nous l'ensevelissions. » Alors, par une permission de Dieu, ils s'en allèrent.

Ensuite Marie est rappelée à elle, et, sortant comme d'un songe, elle se lève ; et, voyant la blessure faite par la lame, elle est brisée d'une mortelle douleur. Considérez combien de fois elle meurt en ce jour. Certes, c'est aussi souvent qu'on fait subir au Seigneur un nouveau supplice. Aussi la parole de Siméon a-t-elle été entièrement accomplie en elle : « Un glaive traversera votre âme. » Ah ! oui, le fer de la lance a bien traversé du même coup le corps du Fils et l'âme de la Mère !

Puis ils se rasseoient tous au pied de la croix ; car ils ne savent ce qu'ils doivent faire. Ils ne peuvent ni détacher le corps ni l'ensevelir, parce qu'ils n'ont ni les forces suffisantes, ni les instruments nécessaires. D'un autre côté, ils n'osent pas se retirer et le laisser ainsi, et ils ne peuvent pas demeurer longtemps, parce que la nuit approche. Voyez en quelle perplexité ils sont. O Dieu clément ! comment avez-vous permis que Marie, votre créature de prédilection, ce miroir du monde et notre suprême consolation, soit ainsi abreuvée de tribulations ? Ah ! il serait temps de la laisser respirer quelque peu.

La seule consolation qui fut donnée à cette Mère de douleur fut de recevoir le corps de son divin Fils dans ses bras, lorsque les disciples vinrent le détacher de la croix; de l'arroser de ses larmes et de coller ses lèvres sur les plaies adorables du Sauveur. Elle ne le quitte pas un instant de vue jusqu'au moment où la pierre du sépulcre fut roulée à la porte du funèbre monument.

Et nous, pour qui Jésus est mort, pour qui il a voulu boire jusqu'à la lie le calice de sa Passion, des ignominies, des tortures les plus cruelles; nous que sa très-sainte Mère a adoptés et engendrés au pied de la croix, voudrions-nous encore renoncer à une si noble, si illustre, si sainte filiation? Nous l'avons fait chaque fois que nous avons eu le malheur de commettre une faute grave. Mais désormais nos péchés revêtiraient un caractère d'ingratitude beaucoup plus grand, maintenant que nous avons compris, du moins en partie, le sacrifice que le Fils de Dieu s'est imposé pour nous racheter de la mort éternelle méritée par nous. Afin d'éviter désormais le malheur de perdre encore la grâce qu'il nous a méritée au prix de son sang, nous nous attacherons de tous les efforts de notre volonté, et en prenant soigneusement les précautions dictées par la prudence, à éviter les fautes les plus légères. Si elles ne crucifient pas de nouveau Jésus-Christ dans notre cœur comme le font les péchés mortels, elles contristent son cœur si aimant, son cœur qui a été percé de la lance pour nous ; elles nuisent à la perfection de son image, qu'il veut former en nous.

Comme un remède puissant contre les rechutes dans le péché et un puissant moyen de nous avancer dans la charité, nous nous tiendrons souvent avec Marie,

Jean, Madeleine et les saintes femmes, au pied de la croix de notre divin Sauveur ; nous contemplerons amoureusement son image, et si nous sommes fidèles à cet exercice, aussi consolant que facile, nous ne tarderons pas à comprendre que toute la science du chrétien consiste dans la science du crucifix.

O Reine auguste des martyrs, obtenez-nous la grâce de nous attacher fortement à votre divin Fils, et ne permettez pas que nous lui causions jamais la plus petite douleur en nous laissant aller de nouveau au péché.

Récitez l'hymne *Pange lingua*, et, si cela vous est possible, assistez à l'exercice du Chemin de la croix, qui a lieu aujourd'hui, à 2 heures 1/2.

Après l'office des Ténèbres, qui commence à 4 heures, le crucifix est reporté au trésor, dans la chapelle de Notre-Dame-de-Pitié. Un chanoine préside la cérémonie ; deux enfants de chœur du Chapitre portent des torches, deux autres chantent le *Vexilla regis*. — Les vignerons et les bouchers, présents à la cérémonie, portent le crucifix découvert sur leurs épaules. Après la dernière strophe de l'hymne, le président lit l'oraison *Respice*, puis il va baiser les pieds du crucifix, ce que font également les enfants de chœur, les bouchers et les vignerons, et l'on referme les portes du trésor.

# TROISIÈME PARTIE

## PRIÈRES

QUE L'ON PEUT RÉCITER APRÈS CHAQUE MÉDITATION,

Suivant les indications données.

## PSAUMES DE LA PÉNITENCE

Le souverain Pontife saint Pie V, par une bulle du 9 juillet 1568, a accordé quarante jours d'indulgence à ceux qui réciteraient les sept psaumes de la Pénitence.

### PSAUME 6.

DOMINE, ne in furore tuo arguas me, * neque in ira tua corripias me.

SEIGNEUR, ne me reprenez pas dans votre fureur, et ne me châtiez pas dans votre colère.

Miserere mei, Domine, quoniam

Ayez pitié de moi, Seigneur, parce que

je suis faible ; guérissez-moi, car le mal a pénétré jusqu'à la moelle de mes os.

infirmus sum : * sana me, Domine, quoniam conturbata sunt ossa mea.

Mon âme est dans un trouble extrême; jusques à quand, Seigneur, tarderez-vous à la secourir?

Et anima mea turbata est valde;* sed tu, Domine, usquequo?

Revenez à moi, Seigneur, et délivrez mon âme : sauvez-moi à cause de votre miséricorde.

Convertere, Domine, et eripe animam meam :* salvum me fac propter misericordiam tuam.

Car nul dans la mort ne célébrera votre nom : et qui vous louera dans la nuit du tombeau?

Quoniam non est in morte qui memor sit tui : * in inferno autem quis confitebitur tibi?

Je m'épuise à force de gémir ; chaque nuit j'arrose mon lit de mes larmes.

Laboravi in gemitu meo ; lavabo per singulas noctes lectum meum : * lacrymis meis stratum meum rigabo.

Turbatus est a furore oculus meus : * inveteravi inter omnes inimicos meos.

L'excès de ma douleur a obscurci mes yeux ; j'ai vieilli au milieu de tous mes ennemis.

Discedite a me, omnes qui operamini iniquitatem: * quoniam exaudivit Dominus vocem fletus mei.

Eloignez-vous de moi, vous tous qui commettez l'iniquité, car le Seigneur a écouté la voix de mes pleurs.

Exaudivit Dominus deprecationem meam : * Dominus orationem meam suscepit.

Le Seigneur a écouté ma prière, le Seigneur a exaucé mes supplications.

Erubescant et conturbentur vehementer omnes inimici mei : * convertantur et erubescant valde velociter.

Que tous mes ennemis soient dans la honte et dans l'effroi : qu'ils rougissent et se hâtent de fuir devant moi.

*Gloria Patri* et *Sicut erat*, et de même après chacun des psaumes suivants.

## PSAUME 31.

HEUREUX ceux dont les iniquités ont été pardonnées, et dont les péchés sont effacés.

BEATI quorum remissæ sunt iniquitates, * et quorum tecta sunt peccata.

Heureux l'homme auquel Dieu n'impute point son péché, et dont le cœur est sans artifice.

Beatus vir cui non imputavit Dominus peccatum, * nec est in spiritu ejus dolus.

Parce je me suis tu au lieu de confesser mon crime, j'ai senti mes forces affaiblies, et j'ai poussé tout le jour des cris douloureux.

Quoniam tacui, inveteraverunt ossa mea; * dum clamarem tota die.

Car votre main s'est appesantie sur moi le jour et la nuit : la douleur de ma faute a été comme une épine qui me perçait le cœur.

Quoniam die ac nocte gravata est super me manus tua; * conversus sum in ærumna mea, dum configitur spina.

Enfin je vous ai déclaré mon péché,

Delictum meum cognitum tibi feci,

* et injustitiam meam non abscondi.

Dixi : Confitebor adversum me injustitiam meam Domino ;*et tu remisisti impietatem peccati mei.

Pro hac orabit ad te omnis sanctus * in tempore opportuno.

Verumtamen in diluvio aquarum multarum, * ad eum non approximabunt.

Tu es refugium meum a tribulatione quæ circumdedit me ; * exultatio mea, erue me a circumdantibus me.

Intellectum tibi dabo, et instruam te in via hac qua gradieris : * fir-

je n'ai point déguisé mon injustice.

J'ai dit : Je confesserai contre moi-même mon iniquité au Seigneur, et vous m'avez remis l'impiété de mon crime.

C'est pourquoi vos serviteurs vous invoqueront dans le temps propice.

Aussi, dans le débordement des grandes eaux, ils ne seront point submergés.

Vous êtes mon refuge contre les tribulations qui m'environnent : ô Dieu qui êtes ma joie, délivrez-moi des périls qui m'assiégent.

Vous m'avez dit : Je te donnerai l'intelligence, et je t'instruirai dans la voie où tu dois marcher : j'arrêterai mes regards sur toi.

mabo super te oculos meos.

O hommes, ne devenez pas semblables au cheval et au mulet qui n'ont point d'intelligence.

Nolite fieri sicut equus et mulus, * quibus non est intellectus.

Vous saurez bien, Seigneur, maîtriser avec la bride et le mors ceux qui refusent d'obéir à vos ordres.

In camo et freno maxillas eorum constringe, * qui non approximant ad te.

De nombreux fléaux sont réservés au pécheur ; mais celui qui espère dans le Seigneur sera entouré de la divine misericorde.

Multa flagella peccatoris ; * sperantem autem in Domino misericordia circumdabit.

Justes, réjouissez-vous dans le Seigneur et tressaillez d'allégresse ; glorifiez-vous en lui, vous tous qui avez le cœur droit.

Lætamini in Domino, et exultate, justi ; * et gloriamini, omnes recti corde.

## PSAUME 37.

DOMINE, ne in furore tuo arguas me, * neque in ira tua corripias me :

SEIGNEUR, ne me reprenez pas dans votre fureur, et ne me châtiez pas dans votre colère :

Quoniam sagittæ tuæ infixæ sunt mihi ;*et confirmasti super me manum tuam.

Vos flèches m'ont percé de toutes parts, et votre main s'est appesantie sur moi.

Non est sanitas in carne mea a facie iræ tuæ; * non est pax ossibus meis a facie peccatorum meorum.

Il n'est aucune partie de moi-même qui n'ait ressenti vos coups : il n'y a plus de paix dans mon âme, à la vue de mes péchés.

Quoniam iniquitates meæ supergressæ sunt caput meum : * et sicut onus grave gravatæ sunt super me.

Mes iniquités se sont élevées au-dessus de ma tête : elles pèsent sur moi comme un fardeau qui m'accable.

Putruerunt et corruptæ sunt ci-

Mes plaies se sont envenimées et corrompues, par suite de mes égarements.

catrices meæ, * a facie insipientiæ meæ.

Abattu et courbé sous le poids de ma misère, je passe les jours dans la tristesse.

Miser factus sum et curvatus sum usque in finem : * tota die contristatus ingrediebar.

Je sens dans mes entrailles un feu qui me dévore, et je n'ai plus aucune partie saine dans mon corps.

Quoniam lumbi mei impleti sunt illusionibus ; * et non est sanitas in carne mea.

Je suis tombé dans l'excès de l'affliction et de l'humiliation : les cris de mon cœur sont semblables à un rugissement.

Afflictus sum et humiliatus sum nimis : * rugiebam a gemitu cordis mei.

Vous connaissez, Seigneur, tous mes désirs, et vous entendez mes gémissements.

Domine, ante te omne desiderium meum ; * et gemitus meus a te non est absconditus.

Le trouble s'est emparé de mon cœur ; mon courage

Cor meum conturbatum est, dereliquit me virtus

mea; * et lumen oculorum meorum, et ipsum non est mecum.

m'a abandonné, et la lumière même a fui de mes yeux.

Amici mei et proximi mei * adversum me appropinquaverunt, et steterunt.

Mes proches et mes amis se sont élevés et déclarés contre moi.

Et qui juxta me erant, de longe steterunt; * et vim faciebant qui quærebant animam meam.

Ceux qui m'étaient le plus attachés se sont éloignés de moi, et ceux qui cherchaient à m'ôter la vie ont redoublé de violence.

Et qui inquirebant mala mihi, locuti sunt vanitates, * et dolos tota die meditabantur.

Ceux qui méditaient ma ruine ont eu recours au mensonge, et tout le jour ils concertaient de nouvelles perfidies.

Ego autem tanquam surdus non audiebam, * et sicut mutus non aperiens os suum.

Et moi, j'ai été semblable au sourd qui n'entend point, et au muet qui n'ouvre pas la bouche.

Et factus sum sicut homo non

Je suis devenu comme un homme

qui n'a point d'oreilles pour entendre, ni de langue pour répliquer.

Mais vous répondrez pour moi, ô mon Dieu, parce que j'ai espéré en vous.

Je vous ai dit : Ne souffrez pas que mes ennemis triomphent de moi ; car, dès qu'ils m'ont vu chanceler, ils ont fait éclater leur insolence.

Mais je suis prêt à tous les châtiments, et mon péché est l'objet continuel de ma douleur.

Je confesserai mon iniquité, et je l'aurai toujours présente à mon souvenir.

Cependant mes ennemis vivent et

audiens, * et non habens in ore suo redargutiones.

Quoniam in te, Domine, speravi : * tu exaudies me, Domine Deus meus.

Quia dixi : Nequando supergaudeant mihi inimici mei ; * et, dum commoventur pedes mei, super me magna locuti sunt.

Quoniam ego in flagella paratus sum ; * et dolor meus in conspectu meo semper.

Quoniam iniquitatem meam annuntiabo ; * et cogitabo pro peccato meo.

Inimici autem mei vivunt, et

confirmati sunt super me;* et multiplicati sunt qui oderunt me inique.

Qui retribuunt mala pro bonis, detrahebant mihi; * quoniam sequebar bonitatem.

Ne derelinquas me, Domine Deus meus, * ne discesseris a me.

Intende in adjutorium meum,* Domine Deus salutis meæ.

voient croître leur puissance; ceux qui me haïssent injustement se sont multipliés.

Ceux qui rendent le mal pour le bien ne cessent de me noircir, parce que j'ai suivi constamment la justice.

Ne m'abandonnez pas, Seigneur mon Dieu, ne vous éloignez pas de moi.

Hâtez-vous de me secourir, ô Dieu qui êtes mon salut.

PSAUME 50.

**Miserere** mei, Deus,* secundum magnam misericordiam tuam :

Et secundum multitudinem mi-

**Ayez** pitié de moi, ô mon Dieu, selon votre grande miséricorde ;

Et effacez mon iniquité, selon la multitude de vos bontés.

Lavez-moi de plus en plus de mes souillures, et purifiez-moi de mon péché :

Car je connais mon injustice, et mon crime s'élève sans cesse contre moi.

J'ai péché contre vous seul, et j'ai fait le mal devant vous : vous l'avez permis, afin d'être reconnu fidèle dans vos promesses, et irréprochable dans vos jugements.

J'ai été conçu dans l'iniquité, et ma mère m'a engendré dans le péché.

Mais vous, Sei-

serationum tuarum * dele iniquitatem meam.

Amplius lava me ab iniquitate mea : * et a peccato meo munda me :

Quoniam iniquitatem meam ego cognosco, * et peccatum meum contra me est semper.

Tibi soli peccavi, et malum coram te feci ; * ut justificeris in sermonibus tuis, et vincas cum judicaris.

Ecce enim in iniquitatibus conceptus sum, * et in peccatis concepit me mater mea.

Ecce enim veritatem dilexisti : * incerta et occulta sapientiæ tuæ manifestasti mihi.

gneur, vous aimez la vérité, et vous m'avez manifesté les mystères cachés de votre sagesse.

Asperges me hyssopo, et mundabor : * lavabis me, et super nivem dealbabor.

Vous m'arroserez avec l'hysope, et je serai purifié : vous me laverez, et je deviendrai plus blanc que la neige.

Auditui meo dabis gaudium et lætitiam ; * et exultabunt ossa humiliata.

Vous ferez entendre à mon oreille des paroles de consolation et de joie, et mes os brisés tressailliront d'allégresse.

Averte faciem tuam a peccatis meis ; * et omnes iniquitates meas dele.

Détournez vos regards de mes offenses, et effacez toutes mes iniquités.

Cor mundum crea in me, Deus; * et spiritum rectum innova in visceribus meis.

Créez en moi un cœur pur, ô mon Dieu, et renouvelez dans mon âme l'esprit de droiture.

Ne projicias me

Ne me rejetez pas

de votre présence, et ne retirez pas de moi votre Esprit saint.

a facie tua; * et Spiritum sanctum tuum ne auferas a me.

Rendez-moi la joie de votre assistance salutaire, et fortifiez-moi par la grâce puissante de votre esprit.

Redde mihi lætitiam salutaris tui; * et spiritu principali confirma me.

Alors j'enseignerai vos voies aux méchants, et les impies se convertiront à vous.

Docebo iniquos vias tuas; * et impii ad te convertentur.

O Dieu, Dieu sauveur, délivrez-moi du sang que j'ai versé, et ma langue célébrera votre justice.

Libera me de sanguinibus, Deus, Deus salutis meæ; * et exultabit lingua mea justitiam tuam.

Seigneur, vous ouvrirez mes lèvres, et ma bouche chantera vos louanges.

Domine, labia mea aperies; * et os meum annuntiabit laudem tuam.

Si vous aviez voulu des sacrifices, je vous en aurais of-

Quoniam si voluisses sacrificium, dedissem

utique; * holocaustis non delectaberis.

fert; mais les holocaustes ne vous sont point agréables.

Sacrificium Deo spiritus contribulatus; * cor contritum et humiliatum, Deus, non despicies.

Le sacrifice qui plaît à Dieu est une âme brisée de douleur; vous ne mépriserez pas, ô mon Dieu, un cœur contrit et humilié.

Benigne fac, Domine, in bona voluntate tua Sion, * ut ædificentur muri Jerusalem.

Soyez, Seigneur, dans votre bonté, propice à Sion, et que Jérusalem voie rebâtir ses murs.

Tunc acceptabis sacrificium justitiæ, oblationes et holocausta; * tunc imponent super altare tuum vitulos.

Vous agréerez alors les sacrifices de justice, les offrandes et les holocaustes; alors on immolera sur votre autel des victimes d'actions de grâces.

## PSAUME 101.

DOMINE, exaudi orationem meam;

SEIGNEUR, écoutez ma prière, et que

mes cris s'élèvent jusqu'à vous.

Ne me cachez pas votre visage, et, dans le temps de mon affliction, daignez prêter l'oreille à mes vœux.

En quelque moment que je vous invoque, hâtez-vous de m'exaucer ;

Car mes jours se sont évanouis comme la fumée, et mes os se sont desséchés comme le bois près d'un foyer brûlant.

J'ai été frappé comme l'herbe sous un soleil ardent : mon cœur s'est flétri, et j'ai oublié jusqu'au soin de ma nourriture.

A force de gémir, ma peau s'est attachée à mes os.

Je suis devenu

* et clamor meus ad te veniat.

Non avertas faciem tuam a me ; * in quacumque die tribulor, inclina ad me aurem tuam.

In quacumque die invocavero te, * velociter exaudi me :

Quia defecerunt sicut fumus dies mei, * et ossa mea sicut cremium aruerunt.

Percussus sum ut fenum, et aruit cor meum ; * quia oblitus sum comedere panem meum.

A voce gemitus mei, * adhæsit os meum carni meæ.

Similis factus

sum pellicano solitudinis : * factus sum sicut nycticorax in domicilio.

semblable au pélican dans le désert, semblable au hibou dans sa solitude.

Vigilavi, * et factus sum sicut passer solitarius in tecto.

J'ai veillé, seul et délaissé comme le passereau solitaire sur le toit.

Tota die exprobrabant mihi inimici mei, * et qui laudabant me, adversum me jurabant.

Tout le jour mes ennemis m'ont chargé de reproches, et ceux qui m'avaient donné des louanges m'ont accablé de leurs injures.

Quia cinerem tanquam panem manducabam,* et potum meum cum fletu miscebam ;

La cendre a été comme le pain dont je me nourrissais, et j'ai mêlé mes larmes avec ma boisson ;

A facie iræ et indignationis tuæ: * quia elevans allisisti me.

Parce que j'ai vu votre colère allumée contre moi, et qu'après m'avoir élevé vous m'avez précipité.

Dies mei sicut

Mes jours ont décliné comme l'ombre, et je me suis fané comme l'herbe fauchée.

umbra declinaverunt; * et ego sicut fenum arui.

Pour vous, Seigneur, vous demeurerez le même éternellement, et le souvenir de vos merveilles subsistera dans tous les siècles.

Tu autem, Domine, in æternum permanes ; * et memoriale tuum in generationem et generationem.

Vous vous lèverez pour secourir Sion, parce que le temps est venu d'avoir pitié d'elle, le temps de faire grâce est arrivé.

Tu exsurgens misereberis Sion, * quia tempus miserendi ejus, quia venit tempus.

Car vos serviteurs chérissent encore ses ruines, ils pleurent sur cette terre désolée.

Quoniam placuerunt servis tuis lapides ejus, * et terræ ejus miserebuntur.

Les nations craindront votre nom, Seigneur, et tous les rois de la terre connaîtront votre gloire;

Et timebunt gentes nomen tuum, Domine, * et omnes reges terræ gloriam tuam;

Parce que le Sei-

Quia ædificavit

Dominus Sion, * et videbitur in gloria sua.

gneur a rebâti Sion, et qu'il y sera vu dans sa gloire.

Respexit in orationem humilium, * et non sprevit precem eorum.

Il s'est rendu attentif à la prière des humbles, et il n'a pas méprisé leurs supplications.

Scribantur hæc in generatione altera : * et populus qui creabitur, laudabit Dominum ;

Que ceci soit écrit pour la génération future, et le peuple qui doit naître louera le Seigneur ;

Quia prospexit de excelso sancto suo : * Dominus de cœlo in terram aspexit ;

Car il a regardé du haut de son sanctuaire, il a daigné jeter les yeux sur la terre,

Ut audiret gemitus compeditorum, * ut solveret filios interemptorum ;

Pour écouter les gémissements des captifs, et affranchir les enfants de ceux qu'on a mis à mort;

Ut annuntient in Sion nomen Domini, * et laudem ejus in Jerusalem ;

Afin qu'ils annoncent dans Sion le nom du Seigneur, et qu'ils chantent ses louanges dans Jérusalem ;

Lorsque peuples et rois se réuniront dans son enceinte, pour servir le Seigneur.

In conveniendo populos in unum, et reges, * ut serviant Domino.

Dans l'attente de vos jugements, ô mon Dieu, votre serviteur vous a dit: Apprenez-moi le peu de jours qui me restent à vivre.

Respondit ei in via virtutis suæ : * Paucitatem dierum meorum nuntia mihi.

Ne me retirez pas du monde au milieu de ma course : vos années s'étendent dans la suite de tous les âges.

Ne revoces me in dimidio dierum meorum : * in generationem et generationem anni tui.

Au commencement, Seigneur, vous avez créé la terre, et les cieux sont l'ouvrage de vos mains.

Initio tu, Domine, terram fundasti : * et opera manuum tuarum sunt cœli.

Ils passeront, mais vous demeurerez : ils vieilliront comme un vêtement.

Ipsi peribunt; tu autem permanes : * et omnes sicut vestimentum veterascent.

Et sicut opertorium mutabis eos, et mutabuntur; * tu autem idem ipse es, et anni tui non deficient.

Vous les changerez comme un manteau, et ils seront changés; mais vous, vous serez toujours le même, et vos années ne finiront jamais.

Filii servorum tuorum habitabunt; * et semen eorum in sæculum dirigetur.

Les enfants de vos serviteurs auront enfin une demeure stable, et leur race subsistera éternellement.

PSAUME 129.

De profundis clamavi ad te, Domine : * Domine, exaudi vocem meam.

Du fond de l'abîme j'ai crié vers vous, Seigneur : Seigneur, écoutez ma voix.

Fiant aures tuæ intendentes * in vocem deprecationis meæ.

Que vos oreilles soient attentives à la voix de ma prière.

Si iniquitates observaveris, Domine; * Domine,

Si vous exigez, Seigneur, un compte sévère de nos iniquités, qui pourra subsister devant vous, ô mon Dieu?

quis sustinebit?

Mais vous aimez à pardonner; aussi, appuyé sur votre loi, j'attends, Seigneur, votre secours.

Quia apud te propitiatio est, * et propter legem tuam sustinui te, Domine.

Mon âme l'attend, fondée sur vos promesses; mon âme se confie dans le Seigneur.

Sustinuit anima mea in verbo ejus; * speravit anima mea in Domino.

Depuis le matin jusqu'au soir, qu'Israël espère dans le Seigneur.

A custodia matutina usque ad noctem, * speret Israel in Domino.

Car le Seigneur est plein de miséricorde, et l'on trouve en lui une abondante rédemption.

Quia apud Dominum misericordia, * et copiosa apud eum redemptio.

C'est lui qui rachètera Israël de toutes ses iniquités.

Et ipse redimet Israel * ex omnibus iniquitatibus ejus.

PSAUME 142.

DOMINE, exaudi orationem meam; auribus percipe obsecrationem meam in veritate tua ; * exaudi me in tua justitia.

SEIGNEUR, écoutez ma prière, prêtez l'oreille à mes supplications selon votre promesse ; exaucez-moi dans votre justice.

Et non intres in judicium cum servo tuo; * quia non justificabitur in conspectu tuo omnis vivens.

Mais n'entrez pas en jugement avec votre serviteur ; car nul homme vivant ne sera justifié en votre présence.

Quia persecutus est inimicus animam meam; * humiliavit in terra vitam meam.

L'ennemi a tourmenté mon âme, il a humilié ma vie sur la terre.

Collocavit me in obscuris sicut mortuos sæculi ; * et anxiatus est super me spiritus meus : in me turbatum est cor meum.

Il m'a relégué dans les ténèbres comme ceux qui sont morts depuis longtemps; mon esprit a été dans la détresse, et mon cœur dans le trouble.

Je me suis souvenu des jours anciens : j'ai considéré toutes vos œuvres ; j'ai médité sur les prodiges de votre puissance.

J'ai élevé les mains vers vous : mon âme est en votre présence comme une terre sans eau.

Seigneur, hâtez-vous de m'exaucer, car mon esprit est dans la défaillance.

Ne détournez pas de moi votre visage, de peur que je ne devienne semblable à ceux qui descendent dans la tombe.

Faites-moi entendre dès l'aurore la voix de votre miséricorde, parce que j'ai espéré en vous.

Montrez-moi la voie que je dois sui-

Memor fui dierum antiquorum : meditatus sum in omnibus operibus tuis ; * in factis manuum tuarum meditabar.

Expandi manus meas ad te : * anima mea sicut terra sine aqua tibi.

Velociter exaudi me, Domine ; * defecit spiritus meus.

Non avertas faciem tuam a me ; * et similis ero descendentibus in lacum.

Auditam fac mihi mane misericordiam tuam ; * quia in te speravi.

Notam fac mihi viam in qua ambulem; * quia ad te levavi animam meam.

vre, parce que j'ai élevé mon âme vers vous.

Eripe me de inimicis meis, Domine; ad te confugi : * doce me facere voluntatem tuam, quia Deus meus es tu.

Délivrez-moi de mes ennemis, Seigneur; j'ai recours à vous : apprenez-moi à faire votre volonté, puisque vous êtes mon Dieu.

Spiritus tuus bonus deducet me in terram rectam: * propter nomen tuum, Domine, vivificabis me in æquitate tua.

Votre esprit plein de bonté me conduira dans le droit chemin; et, pour la gloire de votre nom, Seigneur, vous me rendrez la vie dans votre équité.

Educes de tribulatione animam meam ;* et in misericordia tua disperdes inimicos meos.

Vous retirerez mon âme de la tribulation, et, dans votre miséricorde envers moi, vous dissiperez mes ennemis.

Et perdes omnes qui tribulant animam meam ; * quoniam ego servus tuus sum.

Vous perdrez tous ceux qui affligent mon âme, parce que je suis votre serviteur.

| | |
|---|---|
| *Ant.* Seigneur, ne vous souvenez pas de nos fautes ni de celles de nos proches, et ne tirez pas vengeance de nos péchés. | *Ant.* Ne reminiscaris, Domine, delicta nostra, vel parentum nostrorum, neque vindictam sumas de peccatis nostris. |

---

## LITANIES DES SAINTS

| | |
|---|---|
| Seigneur, ayez pitié de nous. | Kyrie, eleison. |
| Jésus-Christ, ayez pitié de nous. | Christe, eleison. |
| Seigneur, ayez pitié de nous. | Kyrie, eleison. |
| Jésus-Christ, écoutez-nous. | Christe, audi nos. |
| Jésus-Christ, exaucez-nous. | Christe, exaudi nos. |
| Père céleste qui êtes Dieu, ayez pitié de nous. | Pater de cœlis Deus, miserere nobis. |
| Fils rédempteur du monde qui êtes | Fili redemptor mundi Deus, |

| | |
|---|---|
| miserere nobis. | Dieu, ayez pitié de nous. |
| Spiritus sancte Deus, miserere nobis. | Esprit-Saint qui êtes Dieu, ayez pitié de nous. |
| Sancta Trinitas unus Deus, miserere nobis. | Trinité sainte qui êtes un seul Dieu, ayez pitié de nous. |
| Sancta Maria, ora pro nobis. | Sainte Marie, priez pour nous. |
| Sancta Dei Genitrix, ora. | Sainte Mère de Dieu, priez pour nous. |
| Sancta Virgo virginum, ora. | Sainte Vierge des vierges, priez. |
| Sancte Michael, ora pro nobis. | Saint Michel, priez pour nous. |
| Sancte Gabriel, ora pro nobis. | Saint Gabriel, priez pour nous. |
| Sancte Raphael, ora pro nobis. | Saint Raphaël, priez pour nous. |
| Omnes sancti Angeli et Archangeli, orate. | Saints Anges et Archanges, priez tous pour nous. |
| Omnes sancti beatorum spirituum ordines, orate pro nobis. | Saints ordres des esprits bienheureux, priez tous pour nous. |
| Sancte Joannes Baptista, ora. | Saint Jean-Baptiste, priez pour nous. |

| | |
|---|---|
| Saint Joseph, priez pour nous. | Sancte Joseph, ora pro nobis. |
| Saints Patriarches et Prophètes, priez tous pour nous. | Omnes sancti Patriarchæ et Prophetæ, orate. |
| Saint Pierre, priez. | Sancte Petre, ora. |
| Saint Paul, priez. | Sancte Paule, ora. |
| Saint André, priez pour nous. | Sancte Andrea, ora pro nobis. |
| Saint Jacques, priez pour nous. | Sancte Jacobe, ora pro nobis. |
| Saint Jean, priez pour nous. | Sancte Joannes, ora pro nobis. |
| Saint Thomas, priez pour nous. | Sancte Thoma, ora pro nobis. |
| Saint Jacques, priez pour nous. | Sancte Jacobe, ora pro nobis. |
| Saint Philippe, priez pour nous. | Sancte Philippe, ora pro nobis. |
| Saint Barthélemi, priez pour nous. | Sancte Bartholomæe, ora. |
| Saint Matthieu, priez pour nous. | Sancte Matthæe, ora pro nobis. |
| Saint Simon, priez pour nous. | Sancte Simon, ora pro nobis. |
| Saint Thaddée, priez pour nous. | Sancte Thaddæe, ora pro nobis. |
| Saint Mathias, priez pour nous. | Sancte Mathia, ora pro nobis. |

| | |
|---|---|
| Sancte Barnaba, ora pro nobis. | Saint Barnabé, priez pour nous. |
| Sancte Luca, ora. | Saint Luc, priez. |
| Sancte Marce, ora. | Saint Marc, priez. |
| Omnes sancti Apostoli et Evangelistæ, orate. | Saints Apôtres et Evangélistes, priez tous pour nous. |
| Omnes sancti Discipuli Domini, orate pro nobis. | Saints Disciples du Seigneur, priez tous pour nous. |
| Omnes sancti Innocentes, orate pro nobis. | Saints Innocents, priez tous pour nous. |
| Sancte Stephane, ora pro nobis. | Saint Etienne, priez pour nous. |
| Sancte Laurenti, ora pro nobis. | Saint Laurent, priez pour nous. |
| Sancte Vincenti, ora pro nobis. | Saint Vincent, priez pour nous. |
| Sancti Fabiane et Sebastiane, orate pro nobis. | Saints Fabien et Sébastien, priez pour nous. |
| Sancti Joannes et Paule, orate. | Saints Jean et Paul, priez pour nous. |
| Sancti Cosma et Damiane, orate pro nobis. | Saints Côme et Damien, priez pour nous. |
| Sancti Gervasi et Protasi, orate. | Saints Gervais et Protais, priez. |

| | |
|---|---|
| Saints Martyrs, priez tous pour nous. | Omnes sancti Martyres, orate pro nobis. |
| Saint Silvestre, priez pour nous. | Sancte Silvester, ora pro nobis. |
| Saint Grégoire, priez pour nous. | Sancte Gregori, ora pro nobis. |
| Saint Ambroise, priez pour nous. | Sancte Ambrosi, ora pro nobis. |
| Saint Augustin, priez pour nous. | Sancte Augustine, ora. |
| Saint Jérôme, priez pour nous. | Sancte Hieronyme, ora. |
| Saint Martin, priez pour nous. | Sancte Martine, ora pro nobis. |
| Saint Nicolas, priez pour nous. | Sancte Nicolae, ora pro nobis. |
| Saints Pontifes et Confesseurs, priez tous pour nous. | Omnes sancti Pontifices et Confessores, orate. |
| Saints Docteurs, priez tous pour nous. | Omnes sancti Doctores, orate pro nobis. |
| Saint Antoine, priez pour nous. | Sancte Antoni, ora pro nobis. |
| Saint Benoît, priez pour nous. | Sancte Benedicte, ora pro nobis. |
| Saint Bernard, priez pour nous. | Sancte Bernarde, ora pro nobis. |

| | |
|---|---|
| Sancte Dominice, ora pro nobis. | Saint Dominique, priez pour nous. |
| Sancte Francisce, ora pro nobis. | Saint François, priez pour nous. |
| Omnes sancti Sacerdotes et Levitæ, orate. | Saints Prêtres et Lévites, priez tous pour nous. |
| Omnes sancti Monachi et Eremitæ, orate. | Saints Moines et Solitaires, priez tous pour nous. |
| Sancta Maria Magdalena, ora. | Sainte Marie-Madeleine, priez. |
| Sancta Agatha, ora pro nobis. | Sainte Agathe, priez pour nous. |
| Sancta Lucia, ora. | Sainte Luce, priez. |
| Sancta Agnes, ora. | Sainte Agnès, priez. |
| Sancta Cæcilia, ora pro nobis. | Sainte Cécile, priez pour nous. |
| Sancta Catharina, ora pro nobis. | Sainte Catherine, priez pour nous. |
| Sancta Anastasia, ora pro nobis. | Sainte Anastasie, priez pour nous. |
| Omnes sanctæ Virgines et Viduæ, orate. | Saintes Vierges et Veuves, priez toutes pour nous. |
| Omnes Sancti et Sanctæ Dei, intercedite pro nobis. | Saints et Saintes de Dieu, intercédez tous pour nous. |

| | |
|---|---|
| Soyez-nous propice, pardonnez-nous, Seigneur. | Propitius esto, parce nobis, Domine. |
| Soyez-nous propice, exaucez-nous, Seigneur. | Propitius esto, exaudi nos, Domine. |
| De tout mal, délivrez-nous, Seigneur. | Ab omni malo, libera nos, Domine. |
| De tout péché, délivrez-nous, Seigneur. | Ab omni peccato, libera nos, Domine. |
| De votre colère, délivrez-nous, Seigneur. | Ab ira tua, libera nos, Domine. |
| De la mort subite et imprévue, délivrez-nous, Seigneur. | A subitanea et improvisa morte, libera nos, Domine. |
| Des embûches du démon, délivrez-nous, Seigneur. | Ab insidiis diaboli, libera nos, Domine. |
| De la colère, de la haine, et de toute mauvaise volonté, délivrez-nous. | Ab ira, et odio, et omni mala voluntate, libera nos, Domine. |
| De l'esprit impur, délivrez-nous, Seigneur. | A spiritu fornicationis, libera nos, Domine. |

| | |
|---|---|
| A fulgure et tempestate, libera nos, Domine. | De la foudre et des tempêtes, délivrez-nous, Seigneur. |
| A flagello terræmotus, libera nos, Domine. | Du châtiment des tremblements de terre, délivrez-nous, Seigneur. |
| A peste, fame et bello, libera nos, Domine. | De la peste, de la famine et de la guerre, délivrez-nous. |
| A morte perpetua, libera nos. | De la mort éternelle, délivrez-nous. |
| Per mysterium sanctæ Incarnationis tuæ, libera nos. | Par le mystère de votre sainte Incarnation, délivrez-nous, Seigneur. |
| Per Adventum tuum, libera nos, Domine. | Par votre Avénement, délivrez-nous, Seigneur. |
| Per Nativitatem tuam, libera nos, Domine. | Par votre Naissance, délivrez-nous, Seigneur. |
| Per Baptismum et sanctum Jejunium tuum, libera nos. | Par votre Baptême et votre saint Jeûne, délivrez-nous, Seigneur. |
| Per Crucem et Passionem tu- | Par votre Croix et votre Passion, dé- |

livrez-nous, Seigneur.

am, libera nos, Domine.

Par votre Mort et par votre Sépulture, délivrez-nous.

Per Mortem et Sepulturam tuam, libera nos.

Par votre sainte Résurrection, délivrez-nous, Seigneur.

Per sanctam Resurrectionem tuam, libera nos, Domine.

Par votre admirable Ascension, délivrez-nous, Seigneur.

Per admirabilem Ascensionem tuam, libera nos, Domine.

Par l'avénement du Saint-Esprit consolateur, délivrez-nous, Seigneur.

Per adventum Spiritus sancti Paracliti, libera nos, Domine.

Au jour du jugement, délivrez-nous, Seigneur.

In die judicii, libera nos, Domine.

Pécheurs, nous vous supplions, exaucez-nous.

Peccatores, te rogamus, audi nos.

Daignez nous pardonner, nous vous en supplions.

Ut nobis parcas, te rogamus, audi nos.

Daignez nous faire grâce, nous vous en supplions.

Ut nobis indulgeas, te rogamus, audi nos.

Ut ad veram pœnitentiam nos perducere digneris, te rogamus, audi nos.

Daignez nous conduire à une véritable pénitence, nous vous en supplions.

Ut Ecclesiam tuam sanctam regere et conservare digneris, te rogamus, audi nos.

Daignez gouverner et conserver votre Eglise sainte, nous vous en supplions, exaucez-nous.

Ut Domnum apostolicum et omnes ecclesiasticos ordines in sancta religione conservare digneris, te rogamus, audi nos.

Daignez maintenir dans votre sainte religion le souverain Pontife et tous les ordres de la hiérarchie ecclésiastique, nous vous en supplions.

Ut inimicos sanctæ Ecclesiæ humiliare digneris, te rogamus, audi nos.

Daignez humilier les ennemis de la sainte Eglise, nous vous en supplions.

Ut regibus et principibus christianis pacem et veram concor-

Daignez établir une paix et une concorde véritable entre les rois et les princes chrétiens, nous vous en supplions.

Daignez accorder à toutes les nations chrétiennes la paix et l'unité, nous vous en supplions.

Daignez nous conserver et nous fortifier dans l'observance de nos devoirs religieux, nous vous en supplions.

Daignez élever nos esprits et les désirs de notre cœur vers les biens célestes, nous vous en supplions.

Daignez récompenser tous nos bienfaiteurs en leur donnant le bonheur éternel, nous vous en supplions.

diam donare digneris, te rogamus, audi nos.

Ut cuncto populo christiano pacem et unitatem largiri digneris, te rogamus, audi nos.

Ut nosmetipsos in tuo sancto servitio confortare et conservare digneris, te rogamus, audi nos.

Ut mentes nostras ad cœlestia desideria erigas, te rogamus, audi nos.

Ut omnibus benefactoribus nostris sempiterna bona retribuas, te rogamus, audi nos.

| | |
|---|---|
| Ut animas nostras, fratrum, propinquorum, et benefactorum nostrorum, ab æterna damnatione cripias, te rogamus, audi nos. | Daignez délivrer de la damnation éternelle nos âmes, celles de nos frères, de nos parents et de nos bienfaiteurs, nous vous en supplions, exaucez-nous. |
| Ut fructus terræ dare et conservare digneris, te rogamus, audi nos. | Daignez nous donner les fruits de la terre, et les conserver, nous vous en supplions. |
| Ut omnibus fidelibus defunctis requiem æternam donare digneris, te rogamus, audi nos. | Daignez accorder le repos éternel à tous les fidèles défunts, nous vous en supplions, exaucez-nous. |
| Ut nos exaudire digneris, te rogamus, audi nos. | Daignez écouter nos vœux, nous vous en supplions, exaucez-nous. |
| Fili Dei, te rogamus, audi nos. | Fils de Dieu, nous vous en supplions, exaucez-nous. |

| | |
|---|---|
| Agneau de Dieu, qui effacez les péchés du monde, pardonnez nous, Seigneur. | Agnus Dei, qui tollis peccata mundi, parce nobis, Domine. |
| Agneau de Dieu, qui effacez les péchés du monde, exaucez-nous, Seigneur. | Agnus Dei, qui tollis peccata mundi, exaudi nos, Domine. |
| Agneau de Dieu, qui effacez les péchés du monde, ayez pitié de nous. | Agnus Dei, qui tollis peccata mundi, miserere nobis. |
| Jésus-Christ, écoutez-nous. | Christe, audi nos. |
| Jésus-Christ, exaucez-nous. | Christe, exaudi nos. |
| Seigneur, ayez pitié de nous. | Kyrie, eleison. |
| Jésus-Christ, ayez pitié de nous. | Christe, eleison. |
| Seigneur, ayez pitié de nous. | Kyrie, eleison. |
| Notre Père, etc., *à voix basse.* | Pater noster, etc., *à voix basse.* |
| ℣. Et ne nous laissez pas succomber à la tentation. | ℣. Et ne nos inducas in tentationem. ℟. Sed |

libera nos a malo. ℟. Mais délivrez-nous du mal.

PSAUME 69.

DEUS, in adjutorium meum intende : * Domine, ad adjuvandum me festina.

O DIEU, venez à mon aide ; hâtez-vous, Seigneur, de me secourir.

Confundantur et revereantur, * qui quærunt animam meam.

Que ceux qui cherchent à m'ôter la vie soient couverts de honte et de confusion.

Avertantur retrorsum et erubescant, * qui volunt mihi mala.

Que ceux qui veulent ma perte soient repoussés au loin et qu'ils rougissent.

Avertantur statim erubescentes, * qui dicunt mihi : Euge, euge.

Que ceux qui insultent à mes maux se retirent chargés de honte.

Exultent et lætentur in te omnes qui quærunt te ; * et dicant semper : Magnificetur Dominus,

Mais que tous ceux qui vous cherchent, Seigneur, tressaillent de joie ; et que ceux qui n'attendent leur salut que de vous répètent sans cesse : Louons le Seigneur.

qui diligunt salutare tuum.

Pour moi, je suis pauvre et dénué de tout ; venez à mon secours, ô mon Dieu !

Ego vero egenus et pauper sum : * Deus, adjuva me.

Vous êtes mon aide et mon libérateur; Seigneur, ne tardez pas.

Adjutor meus et liberator meus es tu : * Domine, ne moreris.

*Gloria Patri* et *Sicut erat.*

℣. Sauvez vos serviteurs. ℟. Qui espèrent en vous, ô mon Dieu !

℣. Salvos fac servos tuos. ℟. Deus meus, sperantes in te.

℣. Soyez pour nous, Seigneur, comme une tour. ℟. Inaccessible à nos ennemis.

℣. Esto nobis, Domine, turris fortitudinis. ℟. A facie inimici.

℣. Que l'ennemi ne l'emporte jamais sur nous. ℟. Et que l'enfant de l'iniquité ne puisse jamais nous nuire.

℣. Nihil proficiat inimicus in nobis. ℟. Et filius iniquitatis non apponat nocere nobis.

℣. Seigneur, ne

℣. Domine, non

| | |
|---|---|
| secundum peccata nostra facias nobis. ℟. Neque secundum iniquitates nostras retribuas nobis. | nous traitez pas selon nos péchés. ℟. Et ne nous punissez pas comme le méritent nos offenses. |
| ℣. Oremus pro Pontifice nostro *N*... ℟. Dominus conservet eum, et vivificet eum, et beatum faciat eum in terra, et non tradat eum in animam inimicorum ejus. | ℣. Prions pour notre Pontife *N*... ℟. Que le Seigneur le conserve et lui donne la vie; qu'il le rende heureux sur la terre, et qu'il ne l'abandonne pas à la violence de ses ennemis. |
| ℣. Oremus pro benefactoribus nostris. ℟. Retribuere dignare, Domine, omnibus nobis bona facientibus propter nomen tuum, vitam æternam. Amen. | ℣. Prions pour nos bienfaiteurs. ℟. Daignez, Seigneur, pour la gloire de votre nom, donner la vie éternelle à tous ceux qui nous font du bien. Ainsi soit-il. |
| ℣. Oremus pro fidelibus defunctis. ℟. Requiem æternam dona eis, | ℣. Prions pour les fidèles défunts. ℟. Seigneur, donnez-leur le repos éternel, |

et que la lumière éternelle les éclaire.

Domine, et lux perpetua luceat eis.

℣. Qu'ils reposent en paix. ℟. Ainsi soit-il.

℣. Requiescant in pace. ℟. Amen.

℣. Prions pour nos frères absents. ℟. Sauvez vos serviteurs qui espèrent en vous, ô mon Dieu!

℣. Pro fratribus nostris absentibus. ℟. Salvos fac servos tuos, Deus meus, sperantes in te.

℣. Seigneur, envoyez-leur votre secours de votre sanctuaire. ℟. Et veillez sur eux du haut de Sion.

℣. Mitte eis, Domine, auxilium de sancto. ℟. Et de Sion tuere eos.

℣. Seigneur, écoutez ma prière. ℟. Et que mes cris s'élèvent jusqu'à vous.

℣. Domine, exaudi orationem meam. ℟. Et clamor meus ad te veniat.

℣. Le Seigneur soit avec vous. ℟. Et avec votre esprit.

℣. Dominus vobiscum. ℟. Et cum spiritu tuo.

OREMUS.

Deus, cui proprium est misereri semper et parcere, suscipe deprecationem nostram : ut nos, et omnes famulos tuos, quos delictorum catena constringit, miseratio tuæ pietatis clementer absolvat.

Exaudi, quæsumus, Domine, supplicum preces, et confitentium tibi parce peccatis : ut pariter nobis indulgentiam tribuas benignus et pacem.

PRIONS.

O Dieu, dont un des attributs est d'être toujours prêt à faire grâce et à pardonner, recevez favorablement nos prières, et que les chaînes du péché, qui lient nos âmes et celles de vos serviteurs, soient brisées par la puissance de votre miséricorde infinie.

Exaucez, Seigneur, les prières de ceux qui recourent humblement à vous, et remettez les péchés de ceux qui vous les confessent, afin que nous recevions en même temps de votre bonté le pardon de nos offenses et la véritable paix.

SEIGNEUR, montrez-nous les effets de votre ineffable miséricorde, et, en nous délivrant de tous nos péchés, délivrez-nous aussi des peines que nous avons méritées en les commettant.

INEFFABILEM nobis, Domine, misericordiam tuam clementer ostende : ut simul nos et a peccatis omnibus exuas, et a pœnis, quas pro his meremur, eripias.

O DIEU, que les péchés offensent et que la pénitence apaise, écoutez favorablement les prières de votre peuple prosterné devant vous, et détournez de nos têtes les fléaux de votre colère, que nous avons mérités par nos offenses.

DEUS, qui culpa offenderis, pœnitentia placaris, preces populi tui supplicantis propitius respice : et flagella tuæ iracundiæ, quæ pro peccatis nostris meremur, averte.

DIEU tout-puissant et éternel, ayez pitié de votre serviteur *N*..., notre Pontife, et conduisez-le par votre bonté dans la voie

OMNIPOTENS sempiterne Deus, miserere famulo tuo Pontifici nostro *N*..., et dirige eum secundum tuam clementiam in viam salutis æternæ : ut te donante tibi placita cupiat, et tota virtute perficiat.

du salut éternel, afin que, par votre grâce, il désire ce qui vous est agréable, et il l'accomplisse de toutes ses forces.

Deus, a quo sancta desideria, recta consilia, et justa sunt opera, da servis tuis illam, quam mundus dare non potest, pacem ; ut et corda nostra mandatis tuis dedita, et hostium sublata formidine, tempora sint tua protectione tranquilla.

O Dieu, qui êtes la source des saints désirs, des bons desseins et des actions justes, accordez à votre serviteur cette paix que le monde ne peut donner, afin que nos cœurs soient dociles à vos commandements, et que, délivrés de tout ennemi, nous jouissions, sous votre protection, d'une heureuse tranquillité.

Ure igne sancti Spiritus renes nostros, et cor nostrum, Domine, ut tibi casto corpore serviamus, et

Seigneur, brûlez nos reins et nos cœurs par le feu de votre Esprit-Saint, afin que nous vous servions avec un corps chaste, et que nous vous soyons agréables par la pureté de nos âmes.

mundo corde placeamus.

O Dieu, le créateur et le rédempteur de tous les fidèles, accordez aux âmes de vos serviteurs et de vos servantes la rémission de tous leurs péchés, afin qu'elles obtiennent par nos très-humbles prières le pardon qu'elles ont toujours attendu de votre miséricorde.

Fidelium, Deus, omnium Conditor et Redemptor, animabus famulorum, famularumque tuarum remissionem cunctorum tribue peccatorum : ut indulgentiam, quam semper optaverunt, piis supplicationibus consequantur.

Seigneur, daignez prévenir et seconder nos actions par le secours de votre grâce, afin que toutes nos prières et toutes nos œuvres aient en vous leur principe, et se rapportent à vous comme à leur fin.

Actiones nostras, quæsumus, Domine, aspirando præveni, et adjuvando prosequere : ut cuncta nostra oratio et operatio a te semper incipiat, et per te cœpta finiatur.

OMNIPOTENS sempiterne Deus, qui vivorum dominaris simul et mortuorum, omniumque misereris, quos tuos fide et opere futuros esse prænoscis : te supplices exoramus, ut pro quibus effundere preces decrevimus, quosque vel præsens sæculum adhuc in carne retinet, vel futurum jam exutos corpore suscepit, intercedentibus omnibus Sanctis tuis, pietatis tuæ clementia, omnium delictorum suorum veniam consequantur. Per Dominum nostrum Jesum Christum Filium tu-

DIEU tout-puissant et éternel, souverain maître des vivants et des morts, qui faites miséricorde à tous ceux que vous savez devoir être du nombre de vos élus par leur foi et leurs bonnes œuvres, faites que ceux pour qui nous vous adressons nos humbles prières, soit qu'ils appartiennent encore au siècle présent, soit que, délivrés de leur corps mortel, ils soient entrés dans la vie future, obtiennent de votre bonté, par l'intercession de tous vos Saints, la rémission de tous leurs péchés. Nous vous en prions par notre Seigneur Jésus-Christ votre Fils, qui, étant Dieu, vit et règne avec vous, en l'unité du Saint-Esprit, dans tous les siècles des siècles. ℟. Ainsi soit-il.

℣. Le Seigneur soit avec vous. ℟. Et avec votre esprit.

℣. Que le Seigneur tout-puissant et miséricordieux nous exauce. ℟. Ainsi soit-il.

℣. Que les âmes des fidèles reposent en paix par la miséricorde de Dieu. ℟. Ainsi soit-il.

um : qui tecum vivit et regnat in unitate Spiritus sancti Deus, per omnia sæcula sæculorum. ℟. Am.

℣. Dominus vobiscum. ℟. Et cum spiritu tuo.

℣. Exaudiat nos omnipotens et misericors Dominus. ℟. Amen.

℣. Et fidelium animæ per misericordiam Dei requiescant in pace. ℟. Amen.

---

## PRIÈRES DE L'ABSOLUTION

### PENDANT LE CARÊME (1).

D'après un usage pieux et d'une haute antiquité, le lundi, le mercredi et le vendredi de chaque semaine, pendant le Carême, on récite ainsi qu'il suit les prières de l'absolution.

Le prêtre, à genoux, récite alternativement avec le clergé les sept psaumes de la Pénitence avec les litanies ; puis, à la fin des litanies, ayant dit *Pater noster*, il monte à l'autel et récite les prières suivantes :

℣. Et ne nos inducas in tentationem.

℟. Sed libera nos a malo.

℣. Salvos fac servos tuos, et ancillas tuas.

℟. Deus meus, sperantes in te.

(1) Ces prières ne se trouvant pas dans le Paroissien, il nous a semblé bon de les mettre ici.

℣. Mitte eis, Domine, auxilium de sancto.

℟. Et de Sion tuere eos.

℣. Nihil proficiat inimicus in eis.

℟. Et filius iniquitatis non apponat nocere eis.

℣. Esto eis, Domine, turris fortitudinis.

℟. A facie inimici.

℣. Domine Deus virtutum, converte nos.

℟. Et ostende faciem tuam, et salvi erimus.

℣. Domine, exaudi orationem meam.

℟. Et clamor meus ad te veniat.

℣. Dominus vobiscum.

℟. Et cum spiritu tuo.

OREMUS.

Exaudi, Domine, preces nostras, et confitentium tibi parce peccatis, ut quos conscientiæ reatus accusat, indulgentia tuæ miserationis absolvat. Per Christum Dominum nostrum.

℟. Amen.

OREMUS.

PRÆVENIAT hos famulos tuos, quæsumus, Domine, misericordia tua; ut omnes iniquitates eorum celeri indulgentia deleantur. Per Christum Dominum nostrum.

℟. Amen.

OREMUS.

ADESTO, Domine, supplicationibus nostris, nec sit ab his famulis tuis clementiæ tuæ longinqua miseratio; sana vulnera, eorumque dimitte peccata; ut ab omnibus iniquitatibus expiati, tibi, Domine, semper valeant adhærere. Per Christum Dominum nostrum.

℟. Amen.

OREMUS.

Domine Deus noster, qui offensione nostra non vinceris, sed satisfactione placaris, respice, quæsumus, ad hos famulos tuos, qui se tibi peccasse graviter confitentur; tuum est enim absolutionem criminum dare, et veniam præstare peccantibus, qui dixisti te pœnitentiam malle peccatorum quam mortem; concede ergo, Domine, ut tibi pœnitentiæ excubias celebrent, et, correctis actibus suis, conferri sibi a te sempiterna gaudia gratulentur. Per Christum Dominum nostrum.

℟. Amen.

Après cette oraison, le prêtre se tourne vers le peuple, pendant qu'on récite le *Confiteor*, puis il ajoute :

Misereatur vestri omnipotens Deus, et, dimissis peccatis vestris, perducat vos ad vitam æternam. ℟. Amen.

Ensuite, étendant la main droite sur le peuple, il dit :

Dominus Jesus Christus, qui totius mundi peccata sui traditione atque immaculati Sanguinis effusione dignatus est expurgare, quique discipulis suis dixit : Quæcumque ligaveritis super terram, erunt ligata et in cœlis, et quæcumque solveritis super terram, erunt soluta et in cœlis; de quorum numero me, quamvis indignum, ministrum esse voluit, intercedente Dei Genitrice Maria, et beato Michaele Archangelo, et sancto Petro Apostolo, cui data est potestas ligandi ac solvendi, et omnibus Sanctis ; ipse per ministerium meum ab omnibus peccatis vestris, quæcumque aut cogitatione, aut locutione, vel operatione negligenter egistis, vos absolvat sancti sui sanguinis interventione, qui in remissionem peccatorum effusus est; atque a vinculis peccatorum absolutos perducere dignetur ad regna cœlorum. Qui cum Deo Patre et Spiritu sancto vivit et regnat in sæcula sæculorum.

℟. Amen.

Precibus et meritis beatæ Mariæ semper Virginis, beati Michaelis Archangeli, beati Joannis Baptistæ, sanctorum Apostolorum Petri et Pauli, et omnium Sanctorum misereatur vestri omnipotens Deus, et, dimissis omnibus peccatis vestris, perducat vos ad vitam æternam.

℟. Amen.

Indulgentiam, absolutionem, et remissionem omnium peccatorum vestrorum tribuat vobis omnipotens et misericors Dominus.

℟. Amen.

Benedicat vos omnipotens Deus, Pater, et Filius, et Spiritus sanctus.

℟. Amen.

Enfin, le prêtre enjoint de dire en esprit de pénitence trois *Pater* et trois *Ave*, ou une fois le psaume *Miserere*, page 136.

---

Le jeudi saint, les prières de l'absolution se récitent, dans toutes les paroisses, avant l'office du matin ; mais, à la cathédrale, elles se récitent le mercredi saint, immédiatement après les Ténèbres, à raison de la cérémonie de la consécration des saintes huiles, qui rend l'office très-long.

Après avoir récité les sept psaumes de la Pénitence, sans *Gloria Patri* et sans les litanies, le prêtre dit :

Kyrie, eleison. Christe, eleison. Kyrie, eleison.

Pater noster. *Le reste, tout bas.*

℣. Et ne nos inducas in tentationem.

℟. Sed libera nos a malo.

℣. Domine, non secundum peccata nostra facias nobis.

℟. Neque secundum iniquitates nostras retribuas nobis.

℣. Domine, ne memineris iniquitatum nostrarum antiquarum.

℟. Cito anticipent nos misericordiæ tuæ.

℣. Convertere, Domine, usquequo.

℟. Et deprecabilis esto super servos tuos.

℣. Salvos fac servos tuos, et ancillas tuas.

℟. Deus meus, sperantes in te.

℣. Esto eis, Domine, turris fortitudinis.

℟. A facie inimici.

℣. Mitte eis, Domine, auxilium de sancto.

℟. Et de Sion tuere eos.

℣. Domine, exaudi orationem meam.

℟. Et clamor meus ad te veniat.

℣. Dominus vobiscum.

℟. Et cum spiritu tuo.

OREMUS.

Adesto, Domine, supplicationibus nostris, et me, qui etiam misericordia tua primus indigeo, clementer exaudi, et quem non electione meriti, sed dono gratiæ tuæ constituisti hujus operis ministrum, da fiduciam tui muneris exequendi, et ipse in nostro ministerio, quod tuæ pietatis est, operare. Per Dominum nostrum Jesum Christum Filium tuum, qui tecum vivit et regnat in unitate Spiritus sancti Deus, per omnia sæcula sæculorum.

℟. Amen.

OREMUS.

Præsta, quæsumus, Domine, his famulis tuis dignum pœnitentiæ fructum, ut Ecclesiæ tuæ sanctæ, a cujus integritate deviaverant peccando, admissorum veniam consequendo reddantur innoxii. Per Christum Dominum nostrum.

℟. Amen.

OREMUS.

Precor, Domine, tuæ clementiam majestatis, ut his famulis tuis peccata et facinora sua confitentibus veniam præstare, et præteritorum criminum vincula relaxare digneris : qui humeris tuis ovem perditam reduxisti ad caulas, et publicani preces placatus exaudisti : tu etiam, Domine, his famulis tuis placare ; tu horum precibus benignus assiste ; ut in confessione flebili permanentes, clementiam tuam celeriter exorent, ac sanctis altaribus restituti, spei rursus æternæ ac cœlesti gloriæ reformentur. Qui vivis et regnas cum Deo Patre in unitate Spiritus sancti Deus, per omnia sæcula sæculorum.

℟. Amen.

OREMUS.

Deus, humani generis benignissime Conditor, et misericordissime Reformator, qui hominem invidia diaboli ab æternitate dejectum, unici Filii tui sanguine redemisti, vivifica hos famulos tuos, quos tibi nullatenus mori desideras; et qui non derelinquis devios, assume correctos; moveant pietatem tuam, quæsumus, Domine, horum famulorum tuorum lacrymosa suspiria; tu eorum medere vulneribus; tu jacentibus manum porrige salutarem, ne Ecclesia tua aliquâ sui corporis portione vastetur; ne grex tuus detrimentum sustineat; ne de familiæ tuæ damno inimicus exultet, ne renatos lavacro salutari mors secunda possideat. Tibi ergo, Domine, supplices fundimus preces, tibi fletum cordis effundimus; tu parce confitentibus, ut imminentibus pœnis sententiam futuri judicii, te miserante, non incidant; nesciant quod terret in tenebris, quod stridet in flammis; atque ab erroris via ad iter reversi justitiæ, nequaquam ultra novis vulneribus saucientur, sed integrum sit eis ac perpetuum, et quod gratia tua contulit, et quod misericordia reformavit. Per eumdem Christum Dominum nostrum.

℟. Amen.

OREMUS.

Deus misericors, Deus clemens, Deus qui secundum multitudinem miserationum tuarum peccata pœnitentium deles, et præteritorum criminum culpas venia remissionis evacuas : respice propitius super hos famulos tuos, et remissionem sibi omnium peccatorum suorum tota cordis confessione poscentes, deprecatus exaudi. Renova in eis, piissime Pater, quidquid terrena fragilitate corruptum, vel quidquid diabolica fraude violatum est ; et unitati corporis Ecclesiæ membrum redemptionis annecte. Miserere, Domine, gemituum ; miserere lacrymarum eorum ; et non habentes fiduciam nisi in misericordia tua, ad tuæ Sacramentum reconciliationis admitte. Per Christum Dominum nostrum.

℟. Amen.

OREMUS.

MAJESTATEM tuam supplices deprecamur, omnipotens æterne Deus, ut his famulis tuis, longo squalore pœnitentiæ maceratis, miserationis tuæ veniam largiri digneris ; ut, nuptiali veste recepta, ad regalem mensam, unde ejecti fuerant, mereantur introire. Per Christum Dominum nostrum.

℟. Amen.

On récite ensuite le *Confiteor*, puis *Misereatur*, page 177.

———

## HYMNE DE LA PASSION

L'ÉTENDARD du monarque éternel est déployé ; le mystère de la croix éclate aux yeux de l'univers entier dans le bois sur lequel l'auteur de la vie a reçu la mort, et par elle nous a donné la vie.

VEXILLA Regis prodeunt ;
Fulget crucis mysterium,
Qua vita mortem pertulit,
Et morte vitam protulit.

De son côté ouvert par le fer meurtrier d'une lance, coulent le sang et l'eau qui doivent nous purifier de nos crimes.

Quæ vulnerata lanceæ
Mucrone diro, criminum
Ut nos lavaret sordibus,
Manavit unda et sanguine.

Ils sont accomplis les oracles fidèles de David, qui a dit : C'est par le bois que

Impleta sunt quæ concinit
David fideli carmine,

Dicendo nationibus :
Regnavit a ligno Deus.

Dieu règne sur les nations.

Arbor decora et fulgida,
Ornata Regis purpura,
Electa digno stipite,
Tam sancta membra tangere.

Arbre précieux et éclatant de gloire, teint du sang du Roi, et choisi pour toucher les membres adorables du Sauveur !

Beata cujus brachiis
Pretium pependit sæculi,
Statera facta corporis,
Tulitque prædam tartari.

Que vous êtes heureux d'avoir porté dans vos bras la rançon du monde tout entier, d'avoir été comme la balance dans laquelle a été pesé ce corps divin, et d'avoir arraché sa proie à l'enfer !

O Crux, ave, spes unica,
Hoc Passionis tempore,
Piis adauge gratiam,

Salut, ô Croix, notre unique espérance ; en ces jours consacrés à honorer la Passion du Sauveur, rendez le juste plus juste encore, et obtenez aux pécheurs le pardon.

Que tout esprit chante vos louanges, auguste Trinité, source de notre salut; accordez la récompense éternelle à ceux que vous sauvez par le mystère de la Croix.

Ainsi soit-il.

Reisque dele crimina.

Te fons salutis,
Trinitas,
Collaudet omnis
spiritus ;
Quibus Crucis victoriam
Largiris, adde
præmium.
Amen.

---

## PROSE DE N.-D. DES SEPT-DOULEURS

Innocent XI, par un bref du 1er septembre 1681, a accordé cent jours d'indulgence à tous les fidèles qui réciteraient dévotement, en l'honneur de Notre-Dame des Sept-Douleurs, la prose *Stabat Mater*, qu'on dit avoir été composée par le pape Innocent III, et qui l'a été plus vraisemblablement par un frère mineur, dans le XIIIe siècle.

Stabat Mater dolorosa,
Juxta Crucem lacrymosa,
Dum pendebat Filius.

Debout au pied de la Croix à laquelle son Fils était suspendu, la Mère de douleur pleurait.

Cujus animam gementem,
Contristatam et dolentem,
Pertransivit gladius.

Son âme abattue, gémissante et désolée, fut percée du glaive de douleur.

O quam tristis et afflicta
Fuit illa benedicta
Mater Unigeniti!

Oh! qu'elle fut triste et affligée, cette Mère bénie du Fils unique de Dieu!

Quæ mœrebat, et dolebat,
Pia Mater, dum videbat
Nati pœnas inclyti.

Elle gémissait et soupirait à la vue des angoisses de son divin Fils.

Quis est homo qui non fleret,
Matrem Christi si videret
In tanto supplicio?

Qui pourrait retenir ses larmes en voyant la Mère de Jésus-Christ dans cet excès de douleur?

Qui pourrait contempler sans une profonde tristesse la Mère de Jésus-Christ souffrant avec son Fils ?

Quis non posset contristari,
Christi Matrem contemplari
Dolentem cum Filio ?

Elle voit Jésus livré aux tourments et déchiré de coups pour les péchés de sa nation.

Pro peccatis suæ gentis
Vidit Jesum in tormentis,
Et flagellis subditum.

Elle voit ce Fils bien-aimé mourant, délaissé jusqu'au dernier soupir.

Vidit suum dulcem natum
Moriendo desolatum,
Dum emisit spiritum.

O Mère pleine d'amour, faites que je sente votre douleur, que je pleure avec vous.

Eia, Mater, fons amoris,
Me sentire vim doloris
Fac, ut tecum lugeam.

Faites que mon cœur soit embrasé d'amour pour Jésus-Christ, et ne

Fac ut ardeat cor meum
In amando Christum Deum,

| | |
|---|---|
| Ut sibi complace-<br>am. | songe qu'à lui plai-<br>re. |
| Sancta Mater, istud agas,<br>Crucifixi fige plagas<br>Cordi meo valide. | O sainte Mère, imprimez profondément dans mon cœur les plaies de Jésus crucifié. |
| Tui nati vulnerati,<br>Tam dignati pro me pati,<br>Pœnas mecum divide. | Partagez avec moi les tourments que votre Fils a daigné subir pour moi. |
| Fac me tecum pie flere,<br>Crucifixo condolere,<br>Donec ego vixero. | Faites que je pleure pieusement avec vous, et que je compatisse, tous les jours de ma vie, aux souffrances de votre Fils crucifié. |
| Juxta Crucem tecum stare,<br>Et me tibi sociare<br>In planctu desidero. | Désormais je veux demeurer avec vous au pied de la Croix, et m'associer à vos douleurs. |
| Virgo virginum præclara,<br>Mihi jam non sis amara; | O Vierge la plus pure des vierges, ne repoussez pas ma prière, et faites |

| | |
|---|---|
| que je pleure avec vous ; | Fac me tecum plangere. |
| Que je porte en moi la mort de Jésus-Christ, le poids et le souvenir de ses plaies. | Fac ut portem Christi mortem, Passionis fac consortem, Et plagas recolere. |
| Faites que, blessé de ses blessures, je sois enivré de cette Croix et du sang de votre Fils. | Fac me plagis vulnerari, Fac me Cruce inebriari, Et cruore Filii. |
| Vierge puissante, défendez-moi au jour du jugement, afin que je ne sois pas la proie des flammes éternelles. | Flammis ne urar succensus, Per te, Virgo, sim defensus In die judicii. |
| O Jésus, accordez-moi, par votre Mère, qu'au moment où je quitterai ce monde, je reçoive la palme de la victoire. | Christe, cum sit hinc exire, Da per Matrem me venire Ad palmam victoriæ. |
| Et lorsque mon corps mourra, obte- | Quando corpus morietur, |

Fac ut animæ donetur
Paradisi gloria.
Amen.

nez à mon âme la gloire du Paradis. Ainsi soit-il.

OREMUS.

RESPICE, quæsumus, Domine, super hanc familiam tuam, pro qua Dominus noster Jesus Christus non dubitavit manibus tradi nocentium, et crucis subire tormentum.

PRIONS.

DAIGNEZ, Seigneur, jeter un regard de miséricorde sur cette famille, pour laquelle notre Seigneur Jésus-Christ n'a pas hésité à se livrer aux mains des pécheurs et à subir les tourments de la croix.

---

## HYMNE EN L'HONNEUR DE LA CROIX

CRUX fidelis, inter omnes
Arbor una nobilis!

O CROIX, objet de notre foi; arbre divin, source de grâces et de bénédictions, vous surpassez en vertus tous les arbres et tous les fruits de la terre ! * O bois aimable, ô clous sacrés, qui portez un fardeau si précieux !

Nulla silva talem profert,
Fronde, flore, germine.
* Dulce lignum, dulces clavos,
Dulce pondus sustinet.

Après une strophe on répète *Crux fidelis* jusqu'à *Dulce lignum*, et après la strophe suivante *Dulce lignum*.

Chante, ô ma langue, le glorieux combat de Jésus-Christ, et la victoire éclatante qu'il a remportée sur la Croix ; chante le Rédempteur du monde qui triomphe en mourant.

Pange, lingua, gloriosi
Lauream certaminis ;
Et super Crucis trophæo
Dic triumphum nobilem,
Qualiter Redemptor orbis
Immolatus vicerit.

Touché du malheur de notre pre-

De parentis protoplasti

Fraude factor condolens,
Quando pomi noxialis
In necem morsu ruit
Ipse lignum tunc notavit,
Damna ligni ut solveret.

Hoc opus nostræ salutis
Ordo depoposcerat,
Multiformis proditoris
Ars ut artem falleret,
Et medelam ferret inde,
Hostis unde læserat.

Quando venit ergo sacri
Plenitudo temporis,
Missus est ab arce Patris

mier père, que sa désobéissance à l'égard du fruit défendu avait précipité dans la mort, le Créateur choisit dès lors le bois, pour réparer les maux causés par le bois.

Telle fut l'économie de l'œuvre de notre salut; Dieu voulut, par un saint artifice, confondre la ruse du démon qui nous avait séduits, et faire servir à notre guérison les armes avec lesquelles notre ennemi nous avait blessés.

Lors donc que le moment fixé pour la réparation du genre humain fut arrivé, le Fils de Dieu, le Créateur du monde, fut envoyé du trône de son Père, et naquit d'une Vierge, dans le sein de laquelle il s'était incarné.

Natus, orbis Conditor,
Atque ventre virginali
Carne amictus prodiit.

A sa naissance il est mis dans une crèche, où il ne s'exprime que par des pleurs : la Vierge sa mère enveloppe de langes ses mains, ses pieds et tout son corps.

Vagit infans inter arcta
Conditus præsepia :
Membra pannis involuta
Virgo mater alligat ;
Et Dei manus, pedesque
Stricta cingit fascia.

A l'âge de plus de trente ans, ce divin Agneau, né pour être notre Rédempteur et dévoué aux souffrances par sa propre volonté, est élevé sur l'autel de la Croix pour y être immolé.

Lustra sex qui jam peregit,
Tempus implens corporis,
Sponte libera Redemptor,
Passioni deditus,
Agnus in Crucis levatur
Immolandus stipite.

| | |
|---|---|
| Felle potus, ecce languet,<br>Spina, clavi, lancea :<br>Mite corpus perforarunt;<br>Unda manat et cruor,<br>Terra, pontus, astra, mundus,<br>Quo lavantur flumine. | Il languit, abreuvé de fiel; les épines, les clous, la lance percent son corps sacré; de son côté coulent l'eau et le sang, fleuve qui purifie la terre, la mer, les astres, le monde entier. |
| Flecte ramos, arbor alta,<br>Tensa laxa viscera,<br>Et rigor lentescat ille,<br>Quem dedit nativitas;<br>Et superni membra Regis<br>Tende miti stipite. | Arbre saint, abaissez vos branches pour soulager les membres sacrés qui y sont tendus; fléchissez votre dureté naturelle pour calmer les douleurs du souverain Roi. |
| Sola digna tu fuisti<br>Ferre mundi victimam,<br>Atque portum præparare | Vous seul avez été trouvé digne de porter la victime du monde, de devenir l'arche du salut qui conduit au port le |

genre humain naufragé, et d'être teint du précieux sang qui a coulé du corps de l'Agneau sans tache.

Gloire éternelle à la bienheureuse Trinité ; gloire égale au Père, et au Fils, et au Saint-Esprit consolateur : que le monde entier loue le nom de chacune des trois personnes divines.

Ainsi soit-il.

Arca mundo naufrago,
Quam sacer cruor perunxit,
Fusus Agni corpore.

Sempiterna sit beatæ
Trinitati gloria,
Æqua Patri, Filioque,
Par decus Paraclito ;
Unius trinique nomen
Laudet universitas.

Amen.

ASSOCIATION

# DES VIGNERONS

ET DES

## FRANCS BOUCHERS

Nous pensons qu'on ne lira pas sans intérêt les deux procès-verbaux suivants, qui, croyons-nous, sont les seules pièces qui existent depuis la formation de la Société, en 1803.

« Au nom du Père, du Fils, et du Saint-Esprit. Ainsi soit-il.

« Aujourd'hui vingt-sept mars mil huit cent vingt-cinq.

« Les soussignés, membres de l'Association cy-après désignée, agissant tant en leurs noms personnels que comme se faisant et portant forts de leurs collègues, qui ne savent signer, font, à la demande de divers membres, description de leur Société, dans laquelle il y a eu, depuis sa formation, union, concorde et amitié, afin que par la suite, elle ne soit mise en doute, et qu'il ne s'élève aucunes difficultés sur la réunion des vignerons ou descendans avec les francs bouchers ou descendans; faite depuis vingt-deux ans par ordre de Monsieur Négrier de la Crochardière, alors maire de cette ville.

« Pourquoi présentement ils supplient humblement toutes autorités de donner à cette Association pouvoirs authentiques, afin de perpétuer définitivement leur présence et leur service au transport du christ pendant le cours de la procession du dimanche des Rameaux, ainsi qu'à l'exposition dans l'église cathédrale et dans le trésor, aux jours accoutumés.

« Au moyen de quoi ils chargent spécialement les doyens de leur Association de faire les démarches nécessaires auprès de Messieurs les vénérables Membres du Chapitre de la cathédrale du Mans, pour obtenir :

« 1° Pouvoir, en faveur des dénommés dans le tableau porté à la fin des présentes, de marcher, le jour du dimanche des Rameaux, à la suite dudit Chapitre précédé de tout son clergé, sous le christ, qu'ils porteront et continueront de porter en triomphe, ainsi qu'ils l'ont fait jusqu'à ce jour, suivant antique usage, à la procession dudit jour, qui est suivie de douze lanciers à cheval ;

« 2° La survivance au même emploi à l'aîné de la famille de chaque porteur ou, à défaut, au plus proche parent en ligne directe, sans pouvoir ôter faculté, à celui qui décédera sans postérité, de désigner son remplaçant ;

« 3° La permission, pour chaque membre fondateur existant ou successeur, de coopérer, conjointement avec ses confrères, à toutes les dépenses rélatives à l'entretien de la croix et des accessoires nécessaires à son exposition, ainsi qu'il a été fait depuis l'inauguration de cet antique monument, arraché des mains des impies par le sieur Le Batteux, ancien entrepreneur au Mans, y demeurant, rue Saint-Gilles, qui en a fait don lors du rétablissement du culte divin, pour rétablir la susdite procession dans l'église cathédrale, en réclamant, pour toutes choses, deux places de porteurs, pour les sieurs Louis Dutertre et Alexis Lahoreau, ses parens, qui font et ont toujours fait membres de ladite Association, à laquelle ils se sont agrégés en bons et fidèles exécuteurs des dernières et pieuses volontés de leur dit parent.

« On ajoute : qu'ayant connu, par un « de leurs membres (le sieur *Ducré*), « l'intention qu'avait M. Le Batteux, de « rendre le crucifix, les vignerons et les « bouchers déléguèrent deux de leurs « membres pour se transporter au do- « micile de mondit sieur Le Batteux et « lui demander le christ si soigneuse- « ment caché depuis douze ans dans sa « maison, ainsi que la croix sur laquelle « il avoit été conservé, pour le porter « dans l'église cathédrale, où ils vou- « loient solenniser la procession des « Rameaux avec ce précieux don.

« Ledit sieur Le Batteux obtempérant « à la demande desdits députés mem- « bres actuels de ladite Association et « dénommés aux tableaux cy-après sous « les noms de *Ducré*, *Fardeau* et *Bellan-* « *ger*, leur accorda l'enlèvement de son « domicile dudit précieux christ, ce « qu'ils firent à l'instant, et vinrent le

« déposer dans ladite église de Saint-
« Julien, où il est resté jusqu'à son
« érection sur une nouvelle croix sem-
« blable à celle d'antique mémoire, et
« qui fut faite du produit des dons de
« divers habitans de cette ville, entre
« les mains desdits administrateurs
« ou associés, et qui fut présentée au
« public assemblé dans ladite église, le
« dimanche des Rameaux de l'an mil
« huit cent deux, et portée en proces-
« sion dans l'intérieur de ladite église. »

« Suit le tableau des douze préposés à cette solennelle procession, le susdit jour, et des quatre adjoints, savoir :

« MESSIEURS

1° LORIOT, I., marchand, décédé en 1809.
2° DUCRÉ, Louis, vigneron.
3° PINEAU, Étienne, vigneron, décédé en 1823, deuxième *président* de la Société.
4° FARDEAU, Michel, vigneron.
5° BELLANGER, Julien, vigneron.

6° Pioger père, Nicolas, entrepreneur, décédé en 1821.

7° Jarrossay, Jacques, vigneron.

8° Gouault, Jean, vigneron.

9° Hullin, René-Mathurin, menuisier.

10° Dutertre, Louis, entrepreneur-charpentier.

11° Lahoreau, Alexis, charpentier.

12° Breton, Germain, vigneron.

*Adjoints.*

13° Gagé, Julien, praticien.

14° Toupin, René, corroyeur, décédé en 1821.

15° Lemasson dit Beausseron père, boucher.

16° Lemasson dit Beausseron fils, boucher.

« *Tableau des francs bouchers agrégés à ladite Association en* mil huit cent trois, *époque de la sortie de la procession hors de l'église, sous Monseigneur de Pidoll, évêque du Mans, et d'après le consentement de mondit sieur Négrier de la Crochardière, maire.*

17° Paumier, Pierre, ancien boucher, décédé en 18.., *président* de la Société.

18° MASSON dit BEAUSSERON, François, boucher.

19° SARGEUIL dit PHILBERT père, boucher, décédé en 1809.

20° SARGEUIL dit PHILBERT fils aîné, boucher, décédé en 1811.

21° SARGEUIL dit PHILBERT jeune, Pierre-René, boucher.

22° PAUMIER, Mathurin, boucher, décédé en 1821.

« On voit, à l'époque de cette réunion, 1° que ladite Société étoit composée de vingt-deux membres; 2° que, jusqu'à ce jour, il en est décédé huit; 3° enfin, que depuis plusieurs années, elle est réduite à dix-neuf, ainsi qu'il va être présenté au troisième et dernier tableau, vû que ce nombre a été trouvé suffisant pour les dix-huit places du brancard; et quant au dix-neuvième sociétaire, il est membre et président pour diriger la marche des autres, afin d'éviter toute confusion et maintenir le silence pendant l'auguste cérémonie.

« Quant aux décédés antérieurs aux présentes et pour lesquels il ne s'est trouvé aucuns remplaçans, ils ne servent ultérieurement, et la Société demeurera pour toujours fixée au susdit nombre, ainsi qu'il suit :

« *Troisième et dernier tableau de la Société.*

| | | Date d'entrée. |
|---|---|---|
| 1° | MASSON dit BEAUSSERON, François, ancien boucher, *président*........ | 1809 |
| 2° | DUCRÉ, Louis, ancien vigneron..... | 1801 |
| 3° | FARDEAU, Michel, vigneron et cultivateur........................... | 1801 |
| 4° | BELLANGER, Julien, vigneron et cultivateur.......................... | 1801 |
| 5° | JARROSSAY, Jacques, cultivateur.... | 1801 |
| 6° | GOUAULT, Jean, cultivateur......... | 1801 |
| 7° | HULLIN, René-Mathurin, menuisier.. | 1801 |
| 8° | DUTERTRE, Louis, entrepreneur..... | 1801 |
| 9° | LAHOREAU, Alexis, charpentier...... | 1801 |
| 10° | BRETON, Germain, cultivateur...... | 1801 |
| 11° | GAGÉ, Julien, praticien............. | 1802 |
| 12° | MASSON dit BEAUSSERON père, Thomas, ancien boucher............ | 1802 |

Date d'entrée.

13° MASSON dit BEAUSSERON fils, Louis, boucher ........................ 1802
14° SARGEUIL, Pierre-René, boucher.... 1803
15° FARDEAU fils, Michel, cultivateur.... 1803
16° LE MAÎTRE, Louis, cordonnier...... 1822
17° PIOGER cadet, Louis-René, entrepreneur ........................ 1821
18° PAUMIER fils, Pierre, boucher....... 1821
19° AVICE, Jean, vigneron ............. 1824

« Le présent tableau, fait et arrêté lesdits jour et an que dessus, par les susdénommés, qui ont signé, fors lesdits Louis DUCRÉ, Michel FARDEAU père, Julien BELLANGER, Jacques JARROSSAY, Jean GOUAULT, Alexis LAHOREAU, Germain BRETON, Thomas MASSON dit BEAUSSERON père, qui ont déclaré ne le savoir.

« Et avant de signer les présentes,

« La Société a unanimement arrêté, sur la demande d'un de ses membres,

« Qu'il ne sera, en façon quelconque, dérogé aux usages précédemment établis depuis la formation, et ainsi qu'ils sont cy-après rapportés :

« 1° Les sociétaires se promettent mutuellement amitié, union et concorde ;

« 2° Ils s'obligent individuellement d'assister, comme par le passé, au convoi de chaque membre de la Société, résidant dans la commune ou à peu de distance ; de porter son corps au lieu de la sépulture, et de faire solennellement célébrer, pour le repos de son âme, le saint Sacrifice de la Messe, dans l'église de la paroisse où il sera décédé ; enfin, de pourvoir par avance, ès mains du président, aux frais qui y donneront lieu, et qui d'usage se sont élevés à la somme de neuf francs, sans être tenus au luminaire, attendu que celui du défunt y sert de droit ;

« 3° Tous changemens qui pourront survenir dans le cours des périodes annuelles seront, lors de la réunion de la Société, inscrits à la suite du présent procès-verbal, qui sera, si besoin est, à la diligence de M. Masson dit Beausseron (François), président, soumis à l'approbation de Messieurs les vénérables membres du Chapitre de la cathédrale du Mans, qui est supplié de donner à chaque inscrit au troisième et dernier tableau une inscription ou titre *ne varietur*.

« Au Mans, lesdits jour et an que dessus.

« François MASSON, DUTERTRE, HULLIN, Louis MASSON, Pierre-René SARGEUIL, GAGÉ, FARDEAU fils, Louis PIOGER, Pierre PAUMIER, Jean AVICE. »

« Et le jour quinze mars mil huit cent vingt-six, neuf heures du matin,

« Les membres de la Société, réunis dans la sacristie de l'église cathédrale, pour l'exposition du christ au lieu d'usage, il a été verbalement annoncé que chaque sociétaire étoit invité, de la part de Messieurs les membres du Chapitre, à se trouver, le vendredi dix-sept du présent mois, neuf heures du matin, dans l'église cathédrale, pour porter le christ dans l'église de Saint-Vincent, où il restera exposé sur un canapé jusqu'au dimanche dix-neuf du courant, à l'adoration des fidèles, et de là rapporté en procession dans l'église cathédrale, ce qui rétablit formellement l'usage entier de cette procession, telle qu'elle existoit il y a trente-sept ans, et qu'elle avoit été établie par nos ancêtres depuis un temps immémorial.

« Chaque sociétaire a promis de répondre personnellement à ladite invitation en témoignant sa satisfaction sur la piété des membres du Chapitre, qui marchent sur les traces de nos anciens pères, et qui, par ce moyen, animent le zèle et la piété des fidèles.

« En foi de quoi nous avons signé comme dessus, les jour et an que dessus, pour acceptation.

« François MASSON, HULLIN, DUTERTRE, Louis MASSON, Pierre-René SARGEUIL, FARDEAU fils, Louis PIOGER, Pierre PAUMIER, Jean AVICE. »

---

Chaque année, l'Association des vignerons et des bouchers se réunit le mercredi de la Passion, le dimanche des Rameaux et le vendredi saint. Tous les membres tiennent, avec raison, à grand honneur à faire partie de cette

Société, qui conserve avec soin toutes ses traditions, telles qu'elles sont indiquées dans le procès - verbal du 27 mars 1825; mais il me semble regrettable que l'on n'ait pas dressé chaque année un procès-verbal des réunions, indiquant les résolutions prises, le nom des membres décédés, etc. Le dernier procès-verbal est de 1826. Il serait bon de revenir à cet usage abandonné depuis trente-six ans. Ces procès-verbaux formeraient les archives de la Société, montreraient le soin avec lequel on s'est appliqué à conserver les traditions, et le temps pourrait leur donner un véritable prix. Dans cette réflexion, Messieurs les membres de l'Association voudront bien ne voir qu'une preuve du vif intérêt que je porte à leur antique et honorable Société.

L. A.,

Prêtre, Chanoine honoraire.

# TABLE

---

CHRISTUS VINCIT,
CHRISTUS REGNAT,
CHRISTUS IMPERAT,
CHRISTUS AB OMNI MALO
PLEBEM SUAM DEFENDAT.

---

Le Mans. — Typ. Monnoyer frères. — Avril 1862.

## LIBRAIRIE MONNOYER FRÈRES

**Office de la Quinzaine de Pâques,** selon le rit romain, en latin et en français, publié avec approbation de Mgr l'Évêque du Mans.

**Recueil abrégé** de l'institution, privilèges, indulgences et devoirs de la confrérie du Scapulaire de Notre-Dame du Mont-Carmel, avec la manière de le bénir et de le recevoir, et quelques prières. Édition augmentée.

**Nouveaux Cantiques** destinés à être chantés pendant le mois de Marie, dans la chapelle de Notre-Dame du Chêne, paroisse de Vion, près Sablé, et dans les autres églises des paroisses et communautés religieuses. — Ce livre de cantiques se vend au profit de la chapelle du Chêne.

**Le Chapelet de Notre-Seigneur,** autrement appelé Chapelet des Camaldules; les indulgences qui y sont attachées, avec la manière de le réciter.

**Officium Parvum Beatæ Mariæ Virginis,** pro diversis anni temporibus, juxta Ritum Romanum; par M. l'abbé Lottin, chanoine de la cathédrale du Mans. — Texte latin.

**Nouveau Mois de Marie,** ou Série de méditations sur la vie et les vertus de la sainte Mère de Dieu, particulièrement adaptées au mois de Marie, à l'usage des familles et communautés. — Traduit de l'anglais, d'après une religieuse irlandaise. — Publié sous les auspices de NN. SS. du Mans et de Paris.

**Prose en l'honneur de l'Immaculée Conception de la très-sainte Vierge.**

**Manuel de la confrérie de Notre-Dame Auxiliatrice du Mans.**

Typ. Monnoyer frères. — Avril 1862.

www.ingramcontent.com/pod-product-compliance
Ingram Content Group UK Ltd.
Pitfield, Milton Keynes, MK11 3LW, UK
UKHW020213250726
13967UKWH00003B/1447